Fernöstliche Weisheiten

Es gibt Menschen, die Fische fangen,
und solche, die nur das Wasser trüben.
Aus China

Fernöstliche Weisheiten

garant

www.garant-verlag.de

Die Schreibweise entspricht den Regeln der neuen deutschen Rechtschreibung.

Redaktion: Redaktionsbüro Verena Asbeck, Bad Vilbel
Foto Titelbild: www.fotolia.de
Fotos Innenseiten: www.pixelio.de
Gestaltung und Satz: Simone Halfar

ISBN 978-3-86766-236-9

Inhalt

Arbeit, Beruf und Erfolg

Achte auf deine Gedanken,
sie sind der Anfang deiner Taten.

Als Soldat fürchte dich nicht
vor dem Tod,
als Bauer fürchte dich nicht
vor dem Dung.

Am Baum der guten Vorsätze
gibt es viele Blüten, aber wenig Früchte.
Konfuzius

Auch das beste Pferd kann nicht zwei
Sättel tragen.

Auch der längste Weg
beginnt mit dem ersten Schritt.

Auch hundert gute Ratschläge
vermögen ein Paar geschickte und
erfahrene Hände nicht zu ersetzen.

Auf dieser Welt musst du nicht
nach großem Erfolg streben –
keine Fehler begangen haben,
das ist schon ein Erfolg.

Behandle die Fehler des anderen
mit ebenso viel Milde wie deine eigenen.

Bei anderen nur Fehler zu sehen,
ist noch armseliger, als die eigenen
Vorzüge zu loben.
Mahatma Gandhi

Besser auf neuen Wegen etwas stolpern,
als in alten Pfaden auf der Stelle zu
treten.

Betrachte denjenigen, der deine Fehler
aufdeckt,
als jemanden, der dir etwas von einem
verborgenen Schatz zeigt.

Chancen multiplizieren sich,
wenn man sie ergreift.
Sun Tzu

Das Schwache kann das Starke
bezwingen.
Das Zarte besiegt das Grobe.
Jedermann unter der Sonne weiß das.
Doch handelt jemand danach?
Laotse

Das, was du heute denkst,
wirst du morgen sein.
Buddha

Deine Arbeit wird nur gedeihen,
wenn du an sie glaubst.

Arbeit, Beruf und Erfolg

Dem Geduldigen laufen die Dinge zu,
dem Eiligen laufen sie davon.

Den Faulen erkennt man daran,
dass er alles auf einmal tun will.

Denk an deine eigenen Fehler
im ersten Teil der Nacht,
wenn du wach daliegst;
denk an die Fehler eines anderen
im zweiten Teil der Nacht,
wenn du schläfst.

Denke scharf nach
und entscheide innerhalb
von sieben Atemzügen.

Den rechten Zeitpunkt abwarten,
heißt anderen zuvorkommen.

Der Drachen lehrt:
Wer hoch steigen will,
muss es gegen den Wind tun.

Arbeit, Beruf und Erfolg

Der Edle stellt Ansprüche an sich selbst, der kleine Mann stellt Ansprüche an andere.

Der Erfolg macht einen zum König, der Misserfolg zum Räuber.

Der Handelsreisende pflügt mit der Zunge seinen Acker.

Der Irrtum des Vorgesetzten schadet dem Untergebenen.

Der Mann, der den Berg abtrug, war derselbe, der damit angefangen hat, kleine Steine wegzutragen.

Der Schlachter denkt an Schweine, wenn du zu ihm von Ideen sprichst.

Der Weg bildet sich dadurch, dass er begangen wird.
Tschuang-Tse

Arbeit, Beruf und Erfolg

Die bestverschlossene Tür ist die, welche man offen lassen kann.

Die einen pflügen, ohne zu ernten, und die anderen fahren eine gute Ernte ein, ohne gepflügt zu haben.

Die erste Gunst ist Gunst, die zweite schon Verpflichtung.

Die ersten Schritte sind wertlos, wenn der Weg nicht zu Ende gegangen wird.
Shankara

Die Hand, die schwach ist bei der Arbeit,
ist oft umso stärker beim Verschwenden.

Die harte Arbeit von hundert Jahren kann in einer Stunde zerstört sein.

Die Hoffnung treibt die Menschen jeden Tag
zu neuem Schaffen an.

Die Schwierigkeit einer Sache beruht nicht auf ihrer Größe, sondern darauf, die rechte Zeit zu erkennen.

Arbeit, Beruf und Erfolg

Die Übereifrigen im Vorpreschen
sind auch schnell im Rückzug.

Du bist, was du warst,
und du wirst sein,
was du tust.
Buddha

Du kannst zu einem Brunnenfrosch
nicht vom Ozean sprechen.

Du sollst unersättlich im Lernen
und unermüdlich im Lehren sein.
Konfuzius

Du sollst vom Einzelnen aufs
Allgemeine schließen.
Konfuzius

Eine Fähigkeit, die nicht täglich
zunimmt, geht täglich ein Stück zurück.

Eine gute Ware gelangt kaum in zweite
Hand.

Einen Stein, der für die Mauer passt,
lässt man nicht auf der Straße liegen.

Einer, der sich selbst krümmt,
kann andere nicht gerade machen.

Ein erlerntes Handwerk ist mehr wert
als zehntausend Goldstücke.

Eine faule Frau versucht,
alles auf einmal fortzutragen.

Ein Geschäft eröffnen, ist leicht.
Schwer ist, es geöffnet zu halten.

Ein guter Kunde wechselt
drei Jahre nicht das Geschäft;
ein gutes Geschäft wechselt
drei Jahre nicht den Kunden.

Ein gutes Gedächtnis ist nicht
so viel wert wie blasse Tinte.

Eine gerechte Sache kennt kein Zurück.

Eine gute Gelegenheit ist schwer zu
bekommen,
aber leicht zu versäumen!

Arbeit, Beruf und Erfolg

Einen Fehler begehen und nicht
wiedergutzumachen,
das erst heißt wahrhaft fehlen.
Konfuzius

Eine Sache ist nur gefährdet,
wenn die Menschen
nicht mit dem Herzen dabei sind.

Ein Mensch lernt wenig
von seinem Siege,
aber viel von seiner Niederlage.

Ein Mensch ohne Lächeln sollte keinen
Laden aufmachen.

Ein tüchtiger Mann braucht drei
Gehilfen.

Ein Verrückter am richtigen Ort
ist ein nützliches Werkzeug.

Arbeit, Beruf und Erfolg

Ein Weg entsteht, wenn man ihn geht.

Ein Wort, das in ein Amt
hineingeraten ist,
bringen keine zehn Ochsen mehr heraus.

Ein Ziel ist nicht immer zum Erreichen
da, oft dient es nur zum richtigen Zielen.

Erfahrung ist eine Laterne,
die an unserem Rücken hängt
und immer nur das Stück Weg erhellt,
das bereits hinter uns liegt.
Konfuzius

Erst wenn man den Fluss erreicht hat,
zieht man sich die Schuhe aus!

Erst wenn man glaubt,
verloren zu haben,
fängt die wirkliche Niederlage an.

Es genügt nicht, zum Fluss zu kommen
mit dem Wunsch, Fische zu fangen.
Man muss auch das Netz mitbringen.

Es ist besser, daran zu denken,
wie man nicht verliert,
als daran, wie man gewinnt.

Es ist besser, mit drei Sprüngen zum
Ziel zu kommen,
als sich mit einem das Bein zu brechen.

Es ist nicht das Unkraut,
das den guten Samen erstickt,
sondern die Nachlässigkeit des Bauern.
Konfuzius

Es zählt allein, was du tust,
nicht das, was du anderen zu tun
empfiehlst.

Arbeit, Beruf und Erfolg

Fasse deinen Beruf wie ein Edler auf
und nicht wie ein kleiner Mann.
Konfuzius

Fehler entstehen durch Hast –,
deshalb tue niemals etwas in Unruhe.

Feste Entschlossenheit und Klarheit
im Inneren,
sanfte Anpassung und Stärke
im Äußeren;
das ist der Weg, etwas zu erreichen.
I Ging

Fleiß erlernt man in drei Jahren,
Faulheit in drei Tagen.

Flieg nicht hoch empor,
dann kannst du auch nicht stürzen.

Fordere viel von dir selbst
und erwarte wenig von anderen!
So bleibt dir Ärger erspart.
Konfuzius

Fürchte dich nicht vor dem langsamen
Vorwärtsgehen,
fürchte dich nur vor dem Stehenbleiben.

Für die, die meinen,
sie sind an der Spitze:
Es gibt immer einen noch höheren Berg.

Ganz gleich, wie beschwerlich das
Gestern war,
stets kannst du im Heute von Neuem
beginnen.
Buddha

Gehe deinen eigenen Weg und schlage
nicht den Pfad eines Anderen ein.

Gehe ganz in deiner Handlung auf
und denke, es wäre deine letzte Tat.
Buddha

Arbeit, Beruf und Erfolg

Gewohnheiten sind zunächst
Spinnweben,
dann Drähte.

Gib einem Hungernden einen Fisch
und er wird einmal satt,
lehre ihn Fischen
und er wird nie wieder hungern.

Glück hilft nur manchmal –
Arbeit immer.

Hänge die heutige Pflicht
nicht auf den morgigen Haken!

Ich liebe das Leben und ich liebe auch die Pflicht.
Wenn ich nicht beides miteinander vereinigen kann,
so lasse ich das Leben und halte mich an die Pflicht.
Mong Dsi

In allem folge der Lehre,
was du auch lernen musst:
Willst schwimmen du im Meere,
dann bade erst im Fluss.

Ist erst mal die Macht vorhanden,
so finden sich ihre Stützen,
Befürworter und Nutznießer,
von selbst ein.

Jeder will unbedingt etwas Großes leisten,
obwohl das Leben hauptsächlich aus Kleinkram besteht.

Jedes Ding hat drei Seiten:
Eine, die du siehst, eine, die ich sehe,
und eine, die wir beide nicht sehen.

Je feiner der Nähfaden,
desto notwendiger die Nähnadel.

Arbeit, Beruf und Erfolg

Je mehr du bei deiner Arbeit dich beeilst,
desto länger du bei ihr denn auch verweilst.

Kein Feiertag, der kein Ende hat.

Langes Überlegen stumpft den scharfen Rand einer Entscheidung ab.

Mache deine Pläne fürs Jahr
im Frühling
und die für den Tag frühmorgens.

Mancher fischt im Wasser nach dem Mond.

Mancher geht los wie ein Donner
und fällt wie Staub auf die Erde.

Laufe nicht der Vergangenheit nach.
Verliere dich nicht in der Zukunft.
Die Vergangenheit ist nicht mehr.
Die Zukunft ist noch nicht gekommen.
Das Leben, wie es hier und jetzt ist,
eingehend betrachtend,
weilt der Übende in Festigkeit und Freiheit.
Buddha

Man erntet kein Reisfeld, ohne es vorher bestellt zu haben.
Buddha

Man kann auf dem richtigen Weg sein,
aber nicht der richtige Mensch für diesen Weg.

Arbeit, Beruf und Erfolg

Man kann ein Ziel nur erreichen,
wenn man es nicht erreichen muss.

Man misst die Türme nach ihren Schatten
und die großen Männer nach ihren Neidern.

Man muss gegen den Strom schwimmen,
um an die Quelle zu gelangen.

Man muss schon sehr lange
mit geöffnetem Mund auf einem
Stuhl sitzen, bis einem gebratene
Enten hineinfliegen.

Man versteht nur das Geschäft,
durch das man den Reis verdient.

Missgeschick ist manchmal
der Regen des Frühlings.

Arbeit, Beruf und Erfolg

Misstraust du einem Menschen,
so stelle ihn nicht ein.
Stellst du ihn aber ein, so misstraue ihm nicht.

Neben der edlen Kunst,
Dinge zu verrichten,
gibt es die edle Kunst,
Dinge unverrichtet zu lassen.
Lin Yu-Tang

Nicht den Sieg,
sondern den Weg zum Ziel gilt es zu schätzen.

Nicht der Wind, sondern das Segel
bestimmt die Richtung.

Nicht einmal ein Narr verkauft mit Verlust,
um den Leuten zu gefallen.
Nicht jeder, der einen Bart trägt,
ist ein Prophet.

Nichts in der Welt ist schwierig,
es sind nur die eigenen Gedanken,
welche den Dingen diesen Anschein geben.
Wu Cheng'en

Nichts ist so sichtbar wie das,
was man verbergen will.

Nichts leistet einer, der zugleich
verrichten will zwei Dienste.

Nichtstun ist besser,
als mit vieler Mühe nichts schaffen!
Laotse

Nichts wird so oft unwiederbringlich
versäumt wie eine Gelegenheit,
die sich täglich bietet.

Nur die Hälfte des Weges zurücklegen
und dann schwach werden, das ist es,
was du am meisten fürchten solltest.

Nur mit den Augen der anderen
kann man die eigenen Fehler gut sehen.

Nur Siege und keine Niederlagen
kennen ist von Nachteil.

Nur wer gegen den Strom schwimmt,
gelangt zur Quelle.

Arbeit, Beruf und Erfolg

Ob du eilst oder langsam gehst,
der Weg bleibt immer der gleiche.

Ohne harte und ernste Arbeit
gibt es keinen strahlenden Erfolg.

Ohne Übung kann man sich
nicht einmal die Zähne putzen.

Perlen liegen nicht am Strand.
Wenn du eine willst,
musst du nach ihr tauchen.

Plane das Schwierige da, wo es noch
leicht ist!
Tue das Große da, wo es noch klein ist!
Alles Schwere auf Erden beginnt stets als
Leichtes.
Alles Große auf Erden beginnt stets als
Kleines.
Laotse

Ragt der Gipfel noch so hoch
zum Himmel, unersteigbar schier:
Willst den Aufstieg du erzwingen,
öffnet auch ein Weg sich dir.

Sag es mir und ich werde es vergessen.
Zeige es mir und ich werde mich daran
erinnern.
Beteilige mich und ich werde es
verstehen.
Laotse

Sammelst du Früchte,
so gedenke auch derer,
die den Baum gepflanzt haben.

Arbeit, Beruf und Erfolg

Schwielen sind mehr wert
als duftendes Öl an den Händen.

Sei gegenwärtig in allem, was du tust,
die einzige Wirklichkeit ist jetzt.
Solange du Vergangenem nachhängst
oder Zukünftigem nachstellst,
bist du nicht wirklich hier, am Leben.

Sind Rüben auf dem Markt gefragt,
muss man sie nicht waschen.

Soll eine Sache recht gelingen,
lass dir Rat von drei Alten bringen.

So mächtig du auch bist,
es gibt immer noch einen Mächtigeren.

Spanne den Bogen,
aber schieße nicht los!
Noch gefürchtet zu sein, ist wirksamer.

Arbeit, Beruf und Erfolg

Steh aufrecht in der Mitte,
ohne nach einer Seite umzufallen.

Steigst du nicht auf die Berge,
so siehst du auch nicht in die Ferne.

Strebe nicht nach Ruhm
auf Kosten deines Inneren.
Bewahre es vielmehr und hüte dich,
es zu verlieren.
Tschuang-Tse

Treibe bei der Arbeit,
aber nicht beim Essen.

Tue nichts, was dir nicht entspricht
zu tun.
Wünsche nichts, was dir nicht entspricht
zu wünschen.
Mong Dsi

Tu es oder tu es nicht,
aber höre auf, es zu versuchen.

Tu, was du kannst,
mit dem, was du hast,
da, wo du bist.

Über das Ziel hinausschießen ist
eben so schlimm
wie nicht ans Ziel kommen.
Konfuzius

Über eine Entfernung von tausend
Meilen wirkt nur noch Menschlichkeit,
nicht aber Macht.
Über Vergangenes mache dir keine Sorge,
dem Kommenden wende dich zu.

Um fliegen zu können, muss man
nicht nur Flügel haben, sondern
sie auch schwingen.

Arbeit, Beruf und Erfolg

Um hoch fliegen zu können,
muss man die Körner am Boden
vergessen.

Unbezahlte Arbeit ist immer noch
besser als gar nichts tun.

Und wenn du auch die Kraft hast,
einen Berg zu versetzen,
so brauchst du noch einen Verstand,
der so groß und so ruhig ist wie ein
Ozean.

Verantwortlich ist man nicht nur
für das, was man tut,
sondern auch für das,
was man nicht tut.
Laotse

Verlasse dich nicht auf die Meinung
anderer
und trachte nicht nach übermäßigem
Ruhm:
Sieh besser genau hin und bilde dir dein
eigenes Urteil.

Vernachlässige nicht dein eigenes Feld,
um das eines anderen zu jäten.

Visionen ohne Taten werden zu
Träumereien,
Taten ohne Visionen zu Albträumen.

Wage den ersten Schritt,
und ein Weg wird sich auftun.

Was du für den Gipfel hältst,
ist nur eine Stufe.

Was du heute auf morgen vertagst,
ist morgen nicht mehr dasselbe.

Was du planst, halte geheim!

Was für dich getan wird – lass es zu.
Was du selbst tun musst –
sorge dafür, dass du es tust.

Arbeit, Beruf und Erfolg

Was gut angefangen wurde,
muss auch gut zu Ende gebracht werden.

Was uns den Weg verlegt,
bringt uns voran.

Wem nichts zu schwer ist,
dem gelingt alles.

Wenn der Dunghaufen wachsen soll,
darf der Tragkorb nie zur Ruhe kommen.

Wenn dein eigenes Licht heller leuchtet
als das der anderen, sei glücklich darüber,
aber lösche nie das Licht anderer,
um dein eigenes heller leuchten zu lassen.

Wenn der Himmel einen Menschen
erschaffen hat,
muss es für ihn auch eine Aufgabe geben.

Wenn du auch täglich durch die Hallen
der Macht wandelst,
so trage doch in dir die Luft aus den
Wäldern der Berge.

Wenn du die Spur nicht wechselst,
hast du keine Chance zum Überholen.

Wenn du etwas tust,
dann tu es so gut wie möglich.
Achte nicht auf das Ergebnis,
das Ergebnis ist nicht wichtig.

Arbeit, Beruf und Erfolg

Wenn du für dich den richtigen Beruf wählst,
brauchst du dein ganzes Leben nicht zu arbeiten.

Wenn einer zeigen soll, was er kann,
so muss man ihm auch die Gelegenheit geben, sich zu beweisen.

Wer am Weg keine Freude hat,
hat das Ziel verfehlt.

Wer andere beschäftigt,
den beschäftigen sie.

Wer auf den Zehen steht,
steht nicht fest.
Wer mit gespreizten Beinen geht, kommt nicht voran.
Laotse

Wer beim Säen träge ist,
wird beim Ernten neidisch.

Wer bei seinen Handlungen
stets auf seinen Vorteil bedacht ist,
macht sich viele Feinde.
Konfuzius

Wer die Fehler anderer übernimmt,
dessen Schuld ist größer als desjenigen,
der sie begeht.

Wer die Klassiker studiert,
ohne sie zu begreifen,
täte besser daran,
zum Pflug zurückzukehren.

Arbeit, Beruf und Erfolg

Wer einen Tiger reitet,
kann nicht mehr absteigen.

Wer es einem Vorgesetzten gleichtun will,beginnt mit den schlechten Eigenschaften.

Wer führt, darf denen, die er führt,
nicht im Wege stehen.

Wer gut verdient, strengt sich nicht an.
Wer sich anstrengt, verdient nicht gut.

Wer Handel treibt,
muss freundlich sein.

Wer Hohes ersteigen will –
unten muss er beginnen.
Wer Fernes erlaufen will –
den ersten Schritt muss er tun.

Wer kämpft, kann verlieren.
Wer nicht kämpft, hat schon verloren.

Wer kein Ungemach ertragen kann,
ist nicht zu großen Dingen berufen.

Wer mit Schmerzen arbeitet,
wird mit Freude essen.
Wer neu anfangen will, soll es sofort tun,
denn eine überwundene Schwierigkeit
vermeidet hundert neue.
Konfuzius

Wer nicht aufs Kleine schaut,
scheitert am Großen.
Laotse

Wer nicht die hohen Berge besteigt,
kennt die Ebene nicht.

Wer nicht zeitig aufsteht,
bewältigt sein Tagwerk nicht;
wer in der Jugend nichts lernt,
kann es später nicht mehr nachholen.

Wer nur an Sonnentagen geht,
kommt nie ans Ziel.

Wer sein Haus verkaufen will,
der schmücke es.

Wer sein Herz dem Ehrgeiz öffnet,
verschließt es der Ruhe.

Arbeit, Beruf und Erfolg

Wer sein Gewissen dem Ehrgeiz opfert, verbrennt ein Bild, um die Asche zu bekommen.

Wer sein Ziel kennt, findet den Weg.
Laotse

Wer selbst nichts zu tun hat, macht anderen die meiste Arbeit.

Wer wird schon ohne Aussicht auf Gewinn früh aufstehen wollen?

Wer zu stark zieht,
zerreißt den Strick.

Willst du über andere siegen,
dann besiege dich erst selbst.
Willst du andere beurteilen,
dann beurteile dich erst selbst.
Willst du andere erkennen,
dann erkenne dich erst selbst.

Wer sich nicht schämt,
etwas nicht zu können,
und sich nicht ärgert,
etwas nicht zu können,
der kommt voran.
Lü Bü We

Wer sich selbst alles zutraut,
wird andere übertreffen.

Zerstören geht schnell,
aber das Bauen langsam.

Zu wissen, wie man abwartet,
ist das große Geheimnis des Erfolges.

Zu wissen, wie man etwas macht,
ist nicht schwer.
Schwer ist nur, es zu machen.

Armut, Reichtum und Zufriedenheit

Am reichsten sind die Menschen,
die auf das Meiste verzichten können.

Arm sein und nicht murren, ist schwer.
Reich sein und nicht hochmütig werden,
ist im Vergleich damit leicht.
Konfuzius

Armut und Niedrigkeit sind bei allen
Menschen verabscheut.
Wenn es aber nicht auf anständige Weise
geht, soll man sich
nicht von ihnen trennen.
Konfuzius

Armut und Reichtum lassen sich nicht
verbergen.

Auch dem Reichen scheint nach
dem Tode keine Sonne mehr.

Auf der ersten Reise
sammelt man Erfahrungen,
auf der zweiten verdient man Geld.

Beim Unterricht unterscheide ich nicht
zwischen arm und reich. Ich habe Leute,
die mir das kleinste Geschenk brachten,
ebenso unterrichtet wie andere.
Konfuzius

Das Gefühl der Scham schwindet leicht,
Schulden sind schwerer wegzubringen.

Armut, Reichtum und Zufriedenheit

Das Leben birgt viele Umwege in sich.
Die Kunst besteht darin, dabei die
Landschaft zu bewundern.

Dem Reichtum, der gerafft wurde,
folgt oft der Geiz als Strafe.

Dem Sparsamen fällt es leichter,
sich ans Verschwenden zu gewöhnen,
als dem Verschwender,
sich zum Sparen aufzuraffen.

Dem Zufriedenen blüht auch in Armut
und Verlassenheit das Glück
und dem Unzufriedenen
bringen Reichtum und Ehren der Pein
genug.

Denkt der Reiche schon an das nächste
Jahr,
denkt der Arme an das, was er vor Augen
hat.

Der Bettler ist stolz, kein Dieb zu sein.

Der Edle trägt die Armut mit Festigkeit,
nur ein kleiner Mann wird durch die
Armut völlig entsittlicht.
Konfuzius

Der Frierende hat nur den warmen Pelz
im Kopf,
der Hungernde ein Stück Brot.

Armut, Reichtum und Zufriedenheit

Der Geizige verbrennt seine
Fingernägel,
um Leuchtöl zu sparen.

Der Hunger ist zwar immer
der beste Koch,
aber er hat nichts, was er kochen könnte.

Der ist der Selbsterkenntnis und der
Selbstverwirklichung
am nächsten, der mit seinem Schicksal
zufrieden und einig ist.
Zun-Nun

Der Mensch schafft Reichtum,
aber nicht der Reichtum Menschen.

Der Mensch sieht zwar sehr rasch
den Gewinn,
aber er erblickt dabei nicht auch sogleich
die damit verbundene Gefahr.

Der Name oder die Person:
Was ist wichtiger?
Die Person oder der Besitz:
Was ist mehr?
Gewinnen oder verlieren:
Was ist schlimmer?
Laotse

Der Reiche denkt an das nächste Jahr,
der Arme an das, was er vor Augen hat.

Der Reichtum ist ständigem Wandel
unterworfen.
Gute Taten aber haben Dauer und
verjähren nicht.

Der weiß nichts von der Not,
den man in der Sänfte trägt.

Armut, Reichtum und Zufriedenheit

Der zufriedene Mensch,
wenn auch arm,
ist glücklich,
der unzufriedene
Mensch, wenn
auch reich,
ist traurig.

Die Eltern der Armut
sind Schwäche und Zaudern.

Die Verschwenderische
zündet eine Kerze an,
um ein Streichholz zu suchen.

Du kannst ein Haus kaufen,
aber kein Heim;
du kannst ein Bett kaufen,
aber nicht Schlaf;
du kannst eine Uhr kaufen,
aber nicht die Zeit.

Durch Ausnützung der Gelegenheit
kann der Geringe und der Arme
dem Vornehmen und Reichen
überlegen werden
und der Kleine und Schwache
den Großen und Starken bändigen.
Lü Bu We

Armut, Reichtum und Zufriedenheit

Einen Buddha kann man nachahmen,
aber keinen Reichen.

Einen Dieb fängt man mit einem Dieb.

Ein gesunder, armer Mann ist ein halber reicher.

Eine unredliche Dame im Pelzmantel erhält leichter Zugang zum Tempel als zehn redliche Frauen in Lumpen zu eines redlichen Mannes Haus.

Eine größere Gabe als die Fähigkeit zum Maßhalten
kann der Himmel keinem schenken.
Konfuzius

Einem Dieb ist immer ängstlich zumute.

Armut, Reichtum und Zufriedenheit

Ein freundliches Gesicht ist besser
als Kisten voller Gold.

Ein korrupter Minister ist nicht treu,
ein treuer Minister ist nicht korrupt.

Ein Tag Leben ist wertvoller als ein
Berg Gold.
Yoshida Kenkô

Ein Vermögen erwerben kann jeder,
aber es halten und bewahren kann nur der
Weise.

Es gibt keine eigene Sonne für den
Reichen.

Es pflanzte der Reiche Schilfrohre
und es erwuchsen ihm Zuckerrohre;
es pflanzte der Arme Kirschbäume
und es erwuchsen ihm Tollkirschen.

Freigiebigkeit vermindert deinen
Reichtum nicht
und mit Geiz kannst du dein Gut nicht
halten.

Friede macht Reichtum;
Reichtum macht Übermut;
Übermut macht Krieg;
Krieg macht Armut,
Armut macht Demut;
Demut macht Frieden.

Für die Dinge, die wir umsonst
bekommen,
zahlen wir manchmal den höchsten Preis.

Geh zu deines reichen Freundes Haus,
wenn du gerufen bist!
Zu des armen Freundes Haus geh
ungerufen!

Geld verleiht manchem Würde
und macht Hässliche schön.

Genug zu haben, ist Glück,
mehr als genug zu haben, ist unheilvoll.
Das gilt von allen Dingen,
aber besonders vom Geld.
Laotse

Geld zu haben heißt,
sich dreißig Jahre Würde zuzulegen.

Genug zu haben ist Glück;
mehr als genug zu haben bringt Unheil.

Armut, Reichtum und Zufriedenheit

Gier macht dein Leben ruhelos,
Genügsamkeit gibt deinem Herzen Frieden.

Gier macht den Menschen im Leben arm,
denn die Fülle dieser Welt macht ihn nicht reich.

Glanz und Ehren, mit Hochmut gepaart,
ziehen sich selbst ins Verderben.
Laotse

Glücklich ist, wer ohne Krankheit;
reich, wer ohne Schulden.

Gegenseitige Hilfe macht auch Arme reich.

Gib den Armen und du wirst reich.

Hast du kein Geld,
geh nicht unter die Leute.
Hast du Schwierigkeiten,
wende dich nicht an Verwandte.

Hast du Wohlstand erreicht,
so folge den Neigungen deines Herzens.

Hat ein Hund Geld, heißt er: Herr Hund.

Hör auf, dein Geld zu zählen.

Hunger in der Jugendzeit –
reiche Jugend;
Reichtum in der Jugendzeit –
arme Jugend.

Im Glanze einer dicken Brieftasche
sieht selbst ein Trottel intelligent aus.

Im Hause eines geldgierigen Menschen
wird dem Gast selbst das Wasser berechnet.

Je ärmer einer ist,
desto mehr Teufeln begegnet er.

Jeder muss seinen Frieden
in sich selbst finden
und soll der Friede echt sein,
darf er nicht von
äußeren Umständen beeinflusst werden.
Mahatma Gandhi

Armut, Reichtum und Zufriedenheit

Je mehr ein Reicher und
ein Aschenbecher ansammeln,
desto schmutziger werden sie.

Kleider machen Leute,
Goldüberzug Buddha-Figuren.

Leichtsinnig in der Jugend
macht ärmlich im Alter.

Lerne, im Kleinen
das Große zu sehen,
im Wenigen viel zu sehen.
Laotse

Lieber den Appetit zähmen
als Schulden machen
und bist du mittellos, so übe Geduld.

Lieber die Hütte, wo man fröhlich ist,
als der Palast, wo man weint.

Machst du einen Gewinn,
so jubele nicht zu laut,
sonst fliegt er davon.

Manch einer war im vorigen Jahr
noch reich und gut gekleidet
und zieht in diesem Jahr
in Lumpen durch die Städte.

Mit einem Dieb kann man keine
Kompromisse machen,
es sei denn, du willst etwas von dir
hergeben.

Armut, Reichtum und Zufriedenheit

Mit einer Unze Gold kann man
keine Unze Zeit kaufen.

Mit Geld kannst du die Götter
bewegen,
ohne Geld nicht einen Mann.

Nichts ist verführerischer
und gleichzeitig trügerischer als
Reichtum.
Er lässt sich gleich schwer
erwerben, erhalten, nutzen und verlieren.
Konfuzius

Ob man reich wird,
hängt vom Schicksal ab,
ob man Geld erwirbt, vom Fleiß.
Räuber von Geld richtet man hin,
Räuber von Ländern macht man zu
Königen.

Reich und arm sind ein untrüglich'
Maß,
wer dein Freund ist und auf wen Verlass.
Fällt in Ungnad, wer einst hochgeehrt,
merkt er schnell, was seine Freunde wert.

Reich ist, wer keine Schulden hat,
glücklich, wer ohne Krankheit lebt.

Reich ist, wer weiß, dass er genug hat.
Laotse

Reichtum und Vornehmheit sind bei
allen Menschen begehrt.
Wenn man sie aber nicht auf anständige
Weise erlangen kann,
soll man sich nicht an sie klammern.
Konfuzius

Schafft den Gewinn ab,
so wird es keine Diebe und Räuber mehr
geben.
Laotse

Armut, Reichtum und Zufriedenheit

Selbst wer am Wasser lebt,
verschwende nicht das Wasser.

Selig ist, wer frei atmen kann,
weil er das nimmersatte Raffen
aufgegeben hat,
obwohl die Welt voller Gier sich selber
frisst.
Buddha

Sieht ein Amtsdiener Geld,
gleicht er einer Fliege,
die Blut gerochen hat.

Sieht man nicht nach dem,
was man begehren könnte,
bewahrt man sein Herz vor Verwirrung.
Laotse

Streben, seine Wünsche nach Besitz
zu befriedigen,
heißt, Feuer mit Stroh löschen.

Tausend und abertausend Ströme
fließen in das Meer,
aber das Meer ist nie voll;
und könnte der Mensch Stein zu Gold
verwandeln,
sein Herz ist nie zufrieden.

Armut, Reichtum und Zufriedenheit

Unsere Wünsche
sind wie kleine Kinder:
Je mehr man ihnen nachgibt,
umso anspruchsvoller werden sie.

Verbuche nicht mit der leichten Hand
das Geld für das verkaufte Land.

Vergolde den Vögeln die Flügel
und sie werden nie mehr fliegen.

Vermögen und Reichtum nehmen
ihren Besitzer ganz in Beschlag.

Verschwenderisch kannst du nur sein,
wenn du einen wohlgefüllten Speicher
hinter dir hast.

Vom Reichen fordere guten Fährlohn,
den armen Mann aber hole ins Boot,
ohne etwas zu verlangen.

Von Armut wird nicht gepackt,
wer im Einkaufen Maß hält.

Von Sparsamkeit zu leichtsinnigem
Geldausgeben überzugehen ist leicht;
schwer aber ist es, von leichtsinnigem
Geldausgeben zu Sparsamkeit
überzugehen.

Was du genießt von Tag zu Tag,
das ist dein Reichtum.

Was soll der ganze Reichtum,
wenn man ihn nicht nutzt zu seinem
Glück?

Wenn das Feuer den Boden des Kessels
durchgebrannt hat, weißt du, was Armut
ist.

Wenn das Leben vollendet ist,
gehen wir mit leeren Händen fort.

Wenn der Mensch auch nicht schön
und reich sein kann, wie er möchte,
so kann er doch gut und rechtschaffen
sein.

Wenn die kleinen Münzen
getreulich gehäuft werden,
kommt ein Schatz zusammen.

Armut, Reichtum und Zufriedenheit

Wenn du auch zehntausend Felder hast,
kannst du nur ein Maß Reis am Tage
essen;
wenn auch dein Haus tausend Zimmer
enthält,
kannst du nur acht Fuß Raum brauchen
bei Nacht.

Wenn du erkennst, dass es dir an nichts
fehlt, gehört dir die ganze Welt.
Laotse

Wenn du kein Geld hast,
hast du Unrecht.

Wenn du reich werden willst,
dann baue Mist an.

Armut, Reichtum und Zufriedenheit

Wenn einer Geld hat,
kann er dem Teufel Beine machen;
wenn er keines hat,
kommt nicht einmal der Mann,
den er ruft.

Wenn ein Niedriggeborener reich wird,
legt er sich mit einem Schirm ins Bett.

Wer einem Armen auch noch schadet,
der ist wirklich niederträchtig.

Wer etwas zu verkaufen hat,
gilt nicht als arm.

Wer hat je so lange gelebt,
um alles brauchen zu können,
womit er seine Kisten
und Kasten vollstopfte?

Wer Geld besitzt, hat viele Sorgen;
wer keines besitzt, hat einen guten
Schlaf.

Wer Geld hat, ist ein Drache;
wer keines hat, ein Wurm.

Armut, Reichtum und Zufriedenheit

Wer Geld und keine Kinder hat,
der ist nicht wirklich reich,
wer Kinder und kein Geld hat,
der ist nicht wirklich arm.

Wer genügsam ist, ist reich;
wer sich durchsetzt, hat Willenskraft.
Laotse

Wer sich darauf versteht,
das Leben zu genießen,
muss keine Reichtümer anhäufen.

Wer ist arm?
Der von allzu heftigem Verlangen
Gequälte.
Wer ist reich?
Dessen Herz zufrieden ist.

Wer nicht auf Bargeld sieht,
ist kein rechter Händler.

Wer Söhne hat, bleibt nicht lange arm.
Wer keine Söhne hat, bleibt nicht ewig
reich.

Wer verzichtet, gewinnt.
Laotse

Wer viele Schätze anhäuft, hat viel zu
verlieren.
Laotse

Armut, Reichtum und Zufriedenheit

Wer wenig wünscht, verliert selten.
Konfuzius

Wer zufrieden ist, kann nie zugrunde gerichtet werden.
Laotse

Wirklich reich ist nur der,
der nichts besitzt,
was er verlieren könnte.

Wohlstand erreicht man durch Fleiß, der Erfolg jedoch hängt ab vom Schicksal.

Wunschlosigkeit macht still
und die Welt wird von selbst recht.
Laotse

Zu Hause darfst du arm,
doch auf Reisen
musst du reich sein.

Zweifellos kann der materielle Komfort, den wir uns leisten, zu unserem psychischen Wohlbefinden beitragen, aber die Voraussetzung für wahres Glück und wahre Zufriedenheit müssen wir selbst in unserem Innern schaffen.
Dalai Lama

Zwei werden nicht satt:
wer Wissen und wer Reichtum sucht.

Essen und Trinken, Gastlichkeit und Dank

Bei gutem Essen möchte man am
liebsten platzen,
bei schlechtem Essen am liebsten
hungern.

Beim Essen kommt der Appetit,
beim Lernen die Dummheit.

Bitterer Tee, mit Wohlwollen
dargeboten,
schmeckt süßer als Tee,
den man mit saurer Miene reicht.

Bohre den Brunnen, ehe du Durst hast.

Das beste Tischgespräch
ist das Schweigen schwelgender Gäste.

Der Edle strebt beim Essen nicht
danach,
sich den Bauch vollzustopfen.
Konfuzius

Die Stimme des Gastes übertönt den
Wirt.

Ein Tropfen Wasser verdirbt einen
Eimer Honig.

Eine volle Flasche macht kein
Geräusch,
eine halb volle gluckert.

Essen und Trinken, Gastlichkeit und Dank

Ein Wirt beschwert sich nicht
über den Appetit seiner Gäste.

Essen und Beischlaf
sind die beiden großen Begierden des Mannes.
Konfuzius

Für einen Gast, der in kalter Nacht eintrifft, ist Tee so gut wie Wein.

Für eine Wohltat, so groß wie ein Wassertropfen,
gib zum Dank eine sprudelnde Quelle zurück.

Für Hungrige und Durstige ist leicht zu kochen.

Gedenke der Quelle, wenn du trinkst.

Gott segne den, der Besuche macht – aber kurze.

Hier hängt eine Traube.
Wer sie nicht erreichen kann, sagt:
Sie ist sauer und unreif.

In der Familie sei sparsam,
doch Gästen gib reichlich.

Kommt ein Gast, dann bringe Wein
und schlachte einen Hammel.

Lieber schätze einen Gast gering,
doch lass ihn nicht hungern.

Magst du auch aus dem Meer schöpfen,
du bekommst doch nur so viel,
als dein Krug fassen will.

Man kann nicht die eine Hälfte
eines Huhnes zum Kochen
und die andere zum Eierlegen haben.

Ohne die bittere chinesische Coptis
gegessen zu haben, versteht man nicht
die Süße des Zuckers zu schätzen.

Trachte nicht, satt zu sein.
In kleinen Mengen schmeckt es am besten.

Trunkenheit erzeugt keine Fehler,
sie deckt sie auf.

Essen und Trinken, Gastlichkeit und Dank

Unter freundlichen Menschen
ist selbst das Wasser süß.

Wein entdeckt die Geheimnisse des Herzens.

Wenn du unaufhörlich gibst,
wirst du unaufhörlich haben.

Wenn man große Mengen isst,
so ist der Wohlgeschmack klein;
wenn man kleine Mengen isst,
ist der Wohlgeschmack groß.

Wer einen Gast nicht nötigt,
wird ihn noch beleidigen.

Wer essen will, soll den Koch nicht beleidigen.

Wer Honig essen will, muss
Bienenstiche vertragen können.

Willst du das Trinken sein lassen,
dann sieh dir mit nüchternen Augen
einen Betrunkenen an.

Wo du auch Gast bist,
danke für Tabak und Tee.

Gesundheit, Medizin und Wohlbefinden

Arznei ist im Munde bitter,
Wahrheit beleidigt die Ohren.

Arznei vertreibt eingebildete Krankheiten,
doch Wein nicht wirklichen Kummer.

Bei einer ernsten Krankheit gehe drei Ärzte an.

Das Beste, was man von einer Reise zurückbringen kann, ist eine heile Haut.

Das Gesicht lebt und stirbt mit dem Herzen.

Der schreitet rasch vorwärts,
dem es leicht ist ums Herz.

Die Weisen heilen, was noch nicht krank ist.

Drei Zehntel heilt Medizin, sieben Zehntel heilt Diät.

Ein Arzt, der nie selber krank war,
ist kein guter Arzt.
Konfuzius

Eine gute Medizin schmeckt dem Gaumen bitter.

Eine liebevolle Atmosphäre
in deinem Heim
ist das Fundament für dein Leben.
Dalai Lama

Es gibt keinen Weg zum Frieden,
der Frieden ist der Weg.
Mahatma Gandhi

Freude ist gesunde Kost.

Frohsinn ist Gesundheit,
Trübsinn ist Krankheit.

Hast du dich in der Krankheit
endlich wohnlich eingerichtet,
kommt die Heilung.

Im Herbst verkauft man Obst,
im Frühling – Medizin.

Gesundheit, Medizin und Wohlbefinden

Ist der Körper gerade,
ist der Geist gerade.

Jede Minute, die man lacht,
verlängert das Leben um eine Stunde.

Je mehr einer aus sich herausgeht,
desto weniger kann er in sich gehen.

Keine Arznei einzunehmen wirkt so gut
wie einen mittelmäßigen Arzt zu haben.

Menschen gleicher Gesinnung suchen
einander,
Menschen mit gleicher Krankheit
bedauern einander.

Mit Krankheiten zahlt man
die Zinsen fürs Vergnügen.

Nach dem Essen 300 Schritte
und du brauchst keine Apotheke.

Solange wir lachen, befinden wir uns
in der Gesellschaft der Götter.
Sei selbst die Veränderung,
die du in der Welt sehen willst.
Mahatma Gandhi

Gesundheit, Medizin und Wohlbefinden

Stillstand des Blutens macht krank,
Stillstand des Denkens macht dumm.

Trinke nicht Wasser aus einer schmutzigen Quelle,
ruhe nicht im Schatten eines giftigen Baumes.

Über Vergangenes mache dir keine Sorgen,
dem Zukünftigen wende dich zu.
Tseng-Kuang

Vor dem Tor eines guten Arztes gibt es immer viele Kranke.

Weder Krankheit noch Tod warten auf das Vollenden guter Werke.
Darum tue Gutes, solange du gesund bist.

Wer auf seinen Zehen steht, steht nicht lange.
Laotse

Wer die Tür nicht auftut,
um Almosen zu geben,
wird sie für den Arzt aufmachen.

Wer lange krank ist, wird selbst zum Arzt.

Wer nicht um das Leid weiß,
kennt keine Freude.

Lernen, Wissen und Weisheit

Alle Klugkeit und Weisheit ist umsonst,
wenn man die Lage nicht zu nutzen weiß,
gleichwohl Pflug und Hacke nichts ausrichten,
wenn man die richtige Zeit nicht trifft.

Alle Weisheit dieser Welt
lässt sich in zwei Zeilen sagen:
Sei gegenwärtig in allem, was du tust,
die einzige Wirklichkeit ist jetzt.

Auch dem Narren ist einmal ein Einfall vergönnt,
wenn er tausendmal nachdenkt.

Auch der Erfinder der Schrift
hat Schreibfehler gemacht.

Auch eine Fülle von Büchern
ersetzt den guten Lehrer nicht.

Bei allem, was du sagst, achte auf den rechten Augenblick.
Reden zur unpassenden Zeit sind nicht beliebt.

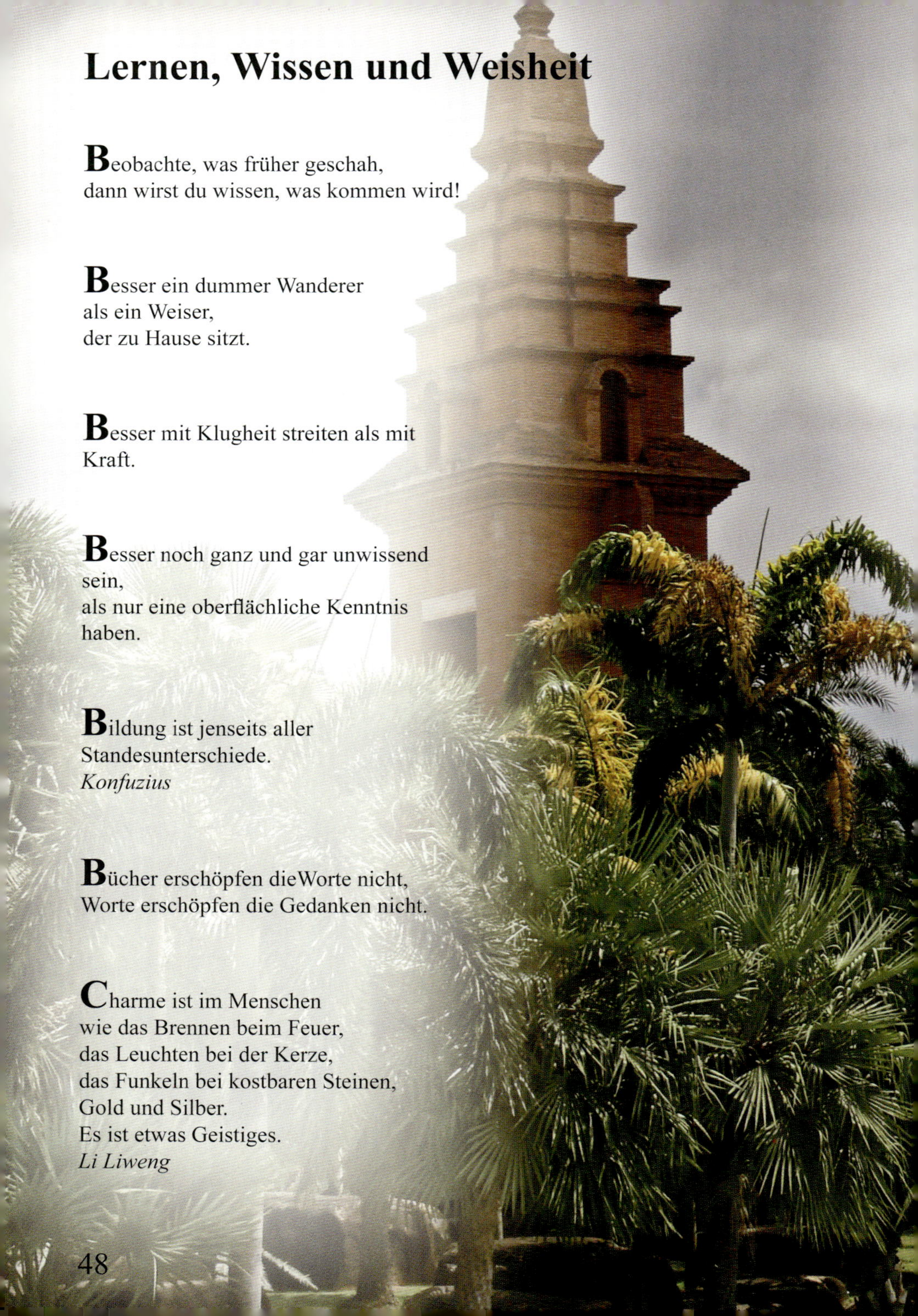

Lernen, Wissen und Weisheit

Beobachte, was früher geschah,
dann wirst du wissen, was kommen wird!

Besser ein dummer Wanderer
als ein Weiser,
der zu Hause sitzt.

Besser mit Klugheit streiten als mit
Kraft.

Besser noch ganz und gar unwissend
sein,
als nur eine oberflächliche Kenntnis
haben.

Bildung ist jenseits aller
Standesunterschiede.
Konfuzius

Bücher erschöpfen dieWorte nicht,
Worte erschöpfen die Gedanken nicht.

Charme ist im Menschen
wie das Brennen beim Feuer,
das Leuchten bei der Kerze,
das Funkeln bei kostbaren Steinen,
Gold und Silber.
Es ist etwas Geistiges.
Li Liweng

Lernen, Wissen und Weisheit

Daran vor allem erkennt man den Klugen,
dass er schnell begreift, geduldig zuhört,
dass er nicht nach eigener Lust,
sondern
gemäß einer tieferen Einsicht
seinen Pflichten obliegt
und dass er sich nicht ungebeten
um die Angelegenheiten anderer
kümmert.
Konfuzius

Das Entscheidende am Wissen ist,
dass man es beherzigt und anwendet.
Konfuzius

Das Geschwätz zweier Menschen
kann Häuser zum Einsturz bringen.

Das Leben ist endlich.
Das Wissen ist unendlich.
Tschuang-Tse

Das Universum ist mein Bewusstsein;
mein Bewusstsein ist das Universum.
Lu Hsiang-Shan

Das Wissen hängt vom Studium ab,
durch Taten kommt man zur Vernunft.

Lernen, Wissen und Weisheit

Das Wort eines weisen Mannes
gilt auch ohne Eid als Pfand.

Den Mann, der sich um Fernes nicht bekümmert,
erwartet schon in nächster Nähe Kummer.
Konfuzius

Der Drachen lehrt:
Wer hoch steigen will,
muss es gegen den Wind tun.

Der Edelgesinnte liebt die Berge,
der Weise hat seine Freude am Wasser.

Der Geist eines vollkommenen Menschen ist wie ein Spiegel.
Er reflektiert, aber er
hält nichts fest. Deshalb kann
der vollkommene Mensch
handeln ohne Anstrengung.

Der Geist ist alles;
was du denkst, das wirst du.
Buddha

Derjenige, der andere kennt, ist klug;
derjenige, der sich selbst kennt, ist erleuchtet.
Laotse

Lernen, Wissen und Weisheit

Der Kluge fragt sich selbst,
der Dumme andere.

Der Mensch hat drei Wege,
klug zu handeln.
Erstens durch Nachdenken:
das ist der edelste.
Zweitens durch Nachahmen:
das ist der leichteste.
Drittens durch Erfahrung:
das ist der bitterste.
Konfuzius

Der Mensch lernt nur auf eigene
Kosten.

Der Narr tut, was er nicht lassen kann;
der Weise lässt, was er nicht tun kann.

Der Narr macht viel Aufhebens um
nichts.

Der wahre Gelehrte scheut sich nicht,
auch solche zu fragen, die unter ihm
stehen.
Andere sieht man in einem klaren Licht,
sich selber nicht.

Der Weise genießt, was ihm die Sinne
vermitteln,
wenn es dem Leben nützt.
Er lässt davon ab,
wenn es dem Leben schadet.
Lü-Shih Ch'un Ch'iu

Der Weise legt sich keinen Schatz
zurück.
Je mehr er gibt, desto mehr hat er.

Der Weise pflegt die Wurzel,
denn wenn sie gut gedeiht,
wird Tugend aus ihr wachsen.
Laotse

Der Weise stellt sein Selbst hintan –
und siehe: Er tritt hervor.
Er gibt auf sein Selbst –
und siehe: Er wird verwahrt.
Laotse

Der Weise sucht, was in ihm selber ist,
der Tor, was außerhalb.
Konfuzius

Der Weise vergisst die Beleidigungen
wie ein Undankbarer die Wohltaten.

Lernen, Wissen und Weisheit

Der Wissende ist noch nicht so weit wie der Forschende; der Forschende ist noch nicht so weit wie der teilnahmslos Erkennende.
Konfuzius

Der Zweifel ist das Wartezimmer der Erkenntnis.

Dichter wissen auch dann
von den Wundern
und der Schönheit der Natur,
wenn sie ihre Klause kaum verlassen.

Die Achtsamkeit führt zu tiefer Einsicht und zum Erwachen.

Die Allerklügsten
und die Allerdümmsten
ändern sich nie.
Konfuzius

Die Bewegung des Lebens ist Lernen.
Buddha

Lernen, Wissen und Weisheit

Die blasseste Tinte ist besser als das beste Gedächtnis.

Die Erfahrung ist ein strenger Lehrmeister.
Sie prüft uns erst, bevor sie uns lehrt.

Die Dummen braucht man
weder zu pflanzen noch zu säen;
sie wachsen von ganz alleine.

Die eigenen Fehler sieht man am besten durch die Augen anderer Leute.

Lernen, Wissen und Weisheit

Die Erfahrung ist wie eine Laterne im Rücken;
sie beleuchtet immer nur das Stück Weg,
das wir bereits hinter uns haben.
Konfuzius

Die Ewigkeit erkennen,
das ist Weisheit.
Laotse

Die Flamme der Verwirrung
und des Zweifels ist es,
die der Weise meidet.
Chuang-Tzu

Die höchste Stufe menschlicher Bildung
ist die vollkommene Ausgeglichenheit
der Seele
und der maßvolle Lebenswandel.
Konfuzius

Die Kraft der Muskeln ist begrenzt,
die Kraft des Geistes ist unendlich.
Koichi Tohei

Die Selbsterkenntnis ist die Quelle allen Wissens.
Lu Chiu-Yüan

Die Unwissenheit ist eine Nacht
ohne Mond und ohne Sterne!

Die Vernunft ist für den Weisen,
das Gesetz für den Unweisen.

Die Vorzüge eines Dummkopfes
sind besser als die Fehler eines Weisen.

Die wahren Worte des Meisters
verwelken in den Händen des Schülers
wie Blumen ohne Wasser.

Lernen, Wissen und Weisheit

Die Weisen verstehen einander,
ohne dass sie der Worte bedürfen;
sie sprechen miteinander,
ohne den Mund aufzusperren.
Lü-Shih Ch'un Ch'iu

Die Weisheit des Lebens besteht
im Ausschalten der unwesentlichen
Dinge.

Die Wissenden reden nichts,
die Redenden wissen nichts.

Du kannst kein Buch öffnen,
ohne etwas daraus zu lernen.

Dumm ist, wer andere zwingt, ihm zu
glauben.

Durch Bewegung überwindet man
Kälte.
Durch Stillhalten überwindet man Hitze.
Der Weise vermag es, durch seine
Reinheit und Ruhe
alle Dinge der Welt ins Gleichmaß zu
bringen.
Laotse

Ein bisschen Wissen ist eine gefährliche
Sache.

Ein Dummkopf, der arbeitet,
ist besser als ein Weiser,
der schläft.

Einen Baum kann man in zehn Jahren
aufziehen,
einen Menschen heranzubilden verlangt
hundert Jahre.

Eine nicht getane Sache ist verlorene
Weisheit.

Ein gebildeter Mann, der sein Herz
an die Bequemlichkeit seines Heimes
hängt,
ist nicht wert, als gebildet betrachtet zu
werden.
Konfuzius

Lernen, Wissen und Weisheit

Ein Gelehrter mag zwar große Gelehrsamkeit besitzen; aber das Wichtigste ist, wie er sich verhält.
Mo Dse

Ein kluger Mann darf einen kleinen und geringen Nachbarn nicht unterschätzen.

Ein kluger Mann soll, bevor er an irgendein Werk geht, sei es ein gutes oder böses, sorgfältig an die Folgen denken: Die Folgen der Taten, die man übereilt vollbracht hat, schmerzen wie ein Pfeil im Herzen bis zum Tode.

Ein lebendiger Esel ist oft hilfreicher als ein toter Gelehrter.

Lernen, Wissen und Weisheit

Ein Regen von Tränen ist notwendig
für die Ernte des Lernens.

Ein Schlaufuchs kann auch auf einem
Löwen reiten.

Ein Weiser entscheidet für sich selber,
ein Narr richtet sich nach den Leuten.

Erst durch das Studium des Alten
kann man neue Einsichten gewinnen.

Es fällt leichter, zehn Weise zu
beleidigen als einen Toren.

Es gibt keine guten und bösen
Menschen,
sondern nur Weise und Toren.
Buddha

Es ist keine Ehre, von einem Narren
gelobt zu werden.
Konfuzius

Forschen ist mehr als Wissen.
Heiteres Erkennen ist mehr als Forschen.
Konfuzius

Frage die um Rat,
die mehr wissen als du.

Fremde Erfahrungen ritzen die Haut,
eigene Erfahrungen schneiden ins
Fleisch.

Gedichte enthalten Bilder und Bilder
Gedichte.

Geist gleicht dem Schwerte
und Erfahrung dem Wetzstein.

Geistige Größe kann alle körperlichen
Gebrechen unsichtbar machen.
Tschuang-Tse

Gib einem Menschen einen Fisch –
er hat einen Tag zu essen.
Gib einem Menschen viele Fische –
er hat viele Tage zu essen.
Lehre ihn fischen –
und er wird nie hungern.

Gib einen Rat mit großem Bedacht
und denke daran,
dass ein Tag kommen kann,
an dem du selbst einen guten Rat
gebrauchen kannst.

Lernen, Wissen und Weisheit

Hast du Wissen und Weisheit,
so sei deswegen nicht aufgeblasen.

Hoffe nicht auf Zukünftiges,
denke über Vergangenes nach.
Wer das Morgen nicht bedenkt,
wird Kummer haben,
bevor das Heute zu Ende ist.
Konfuzius

Ihr selbst müsst euch Mühe geben.
Die Erwachten weisen nur den Weg.
Buddha

Im Altertum lernte man,
um sich selbst zu vervollkommnen;
heute dagegen lernt man,
um anderen gegenüber etwas zu gelten.
Konfuzius

In allem folge der Lehre,
was du auch lernen musst:
Willst schwimmen du im Meere,
dann bade erst im Fluss.

In Stille nachdenken,
geduldig Wissen erwerben
und dies unermüdlich andere lehren:
das ist nicht zu lernen, das muss man haben.
Konfuzius

Irrlehren bekämpfen bringt keinen Gewinn –
es schadet nur.
Konfuzius

Jede Dummheit findet einen,
der sie macht.

Jeder von uns ist ein Gott.
Jeder von uns ist allwissend.
Wir müssen lediglich unser Bewusstsein öffnen,
um unserer eigenen Weisheit zu lauschen.
Buddha

Je klarer das Wasser,
desto weniger Fische;
je klüger ein Mensch,
desto weniger Weisheit.

Je ungebildeter, desto hochmütiger.

Je weniger Menschen
den Weisen kennen,
desto größer ist sein Wert.
Deshalb kleidet sich der Weise in Lumpen,
doch im Herzen trägt er ein Juwel.
Laotse

Lernen, Wissen und Weisheit

Körperlos ist alles Wissen.
Des Wissens Körper ist die Welt.
Yän Yüen

Lass Vergangenes nicht dein Leben diktieren;
doch nutze es als Ratgeber für deine Zukunft.

Lebe nicht in der Vergangenheit,
träume nicht von der Zukunft,
konzentriere die Gedanken
auf den gegenwärtigen Augenblick.

Lehrer öffnen dir die Tür,
aber eintreten musst du selber.

Lerne immerfort, wie wenn du dem Ziel noch nicht nahe und immer besorgt wärest,
die Früchte deines Lernens zu verlieren.
Konfuzius

Lernen, Wissen und Weisheit

Lernen, ohne nachzudenken,
ist verlorene Zeit;
nachzudenken, ohne zu lernen, ist von Übel.

Lerne und es werden dir Zweifel kommen.
Mache dir Gedanken und du wirst Erkenntnis erlangen.

Liest du ein Buch zum ersten Mal,
lernst du einen neuen Freund kennen;
liest du es zum zweiten Mal,
begegnet dir ein alter.

Löse das Problem, nicht die Schuldfrage.

Löst du jemandes Problem,
so ist er frei für einen Tag.
Lehrst du ihn das Lösen der Probleme,
so ist er zuversichtlich sein Leben lang!

Manches keimt und kommt nicht zur Blüte.
Manches blüht und kommt nicht zur Reife.
So geht es auch manchmal dem Weisen.
Konfuzius

Man hat seinen Geist nie so nötig,
wie wenn man mit einem Dummkopf zu tun hat.

Man kann dem Volk wohl Gehorsam befehlen,
aber kein Wissen.
Konfuzius

Man kann wohl bescheiden sein,
ohne dabei auch gescheit sein zu müssen;
aber niemals wird man weise,
ohne nicht auch bescheiden zu sein.

Man verirrt sich nie so leicht,
als wenn man glaubt,
den Weg zu kennen.

Mit jedem Tag des Lebens
kommt ein Stück Weisheit hinzu.

Lernen, Wissen und Weisheit

Nach Wissen suchen, heißt
Tag für Tag dazugewinnen.
Laotse

Nicht wissen, aber Wissen vortäuschen,
ist ein Laster.
Wissen, aber sich dem Unwissenden
gleich verhalten,
ist Weisheit.

Nimm die Worte eines weisen Mannes
als Rat an!
Wenn man sich um ein gutes Wort recht
kümmert,
dann geht es im Herzen auf.

Nimm gegenüber Wandel und
Beständigkeit
die gleiche Haltung ein
und nichts wird deine Klarheit trüben.
Laotse

Nur der Unwissende wird böse.
Der Weise versteht.

Nur die Gegensätze lehren einen die
Welt kennen:
Wer nicht ums Dunkel weiß,
kann das Licht nicht erkennen.

Nur die Weisesten und die Dümmsten
können sich nicht ändern.
Konfuzius

Oft verbirgt sich große Weisheit
hinter scheinbarer Tölpelei.

Ruhig wie ein tiefer See mit
ungetrübtem Wasser
ist der Weise mit seiner heiteren Klarheit.
Buddha

Schenke deinen Träumen stets ein
offenes Ohr.
Sie sind die Tür ewiger Weisheit.

Lernen, Wissen und Weisheit

Sich ein Ziel im Leben stecken,
die guten Anlagen in sich festigen,
ein anständiges Leben führen und
seine Muße auf die Pflege der Künste
verwenden,
bedeutet den Weg der Bildung.
Konfuzius

Sich eng an das Gute halten ist etwas
Herrliches.
Wer wäre wohl weise zu nennen,
der wählen kann und nicht das Gute
wählt?
Konfuzius

Solange du dem anderen
sein Anderssein
nicht verzeihen kannst,
bist du noch weit weg
vom Weg der Weisheit.

Suche deine eigene Weisheit in dir
selbst.
Padmasambhawa

Talente ohne Tugend sind wie Sklaven
ohne Herren:
Sie können sich nicht gut benehmen und
sind zu allem fähig.

Tiefe Weisheit wächst aus starken
Zweifeln.

Um weise zu sein, muss man nicht viele
Dinge wissen.
Wer viele Dinge weiß, ist damit noch
nicht weise.
Laotse

Unterweise Söhne und Enkel
in beiden einzig wahren Tätigkeiten:
Lesen und Ackern.

Urteile nicht über Dinge,
von denen du nur Echo und Schatten
kennst.

Von der Art des Denkens hängt alles ab.
Vom Denken geht alles aus,
wird alles
gelenkt und geschaffen.
Wer schlecht redet oder handelt,
dem folgt Leid wie das Rad
den Hufen des Zugtieres.
Buddha

Lernen, Wissen und Weisheit

Von Natur aus sind die Menschen ähnlich,
durch Erziehung und Gewöhnung erst werden sie völlig verschieden.
Konfuzius

Weder Lob noch Tadel bringen den Weisen aus dem Gleichgewicht.

Weil der Weise unbefangen das Ende am Anfang sieht,
das Große im Kleinen, wird auch das Verfänglichste
und Schwerste ihm leicht.
Laotse

Weise ist, wer sich zu helfen weiß,
wenn etwas Unvorhergesehenes geschieht.

Weise Leute sagen die dümmsten Sachen;
aber dumme Leute machen sie.

Wenn der Weise auf den Mond zeigt,
sieht der Idiot nur den Finger.

Wenn der Wind der Veränderung weht,
bauen die einen Windmühlen,
die anderen Mauern.

Wenn du das Ende von dem erreichst,
was du wissen solltest,
stehst du am Anfang dessen,
was du fühlen solltest.
Khalil Gibran

Wenn du dem Schweigen dich befreundest,
wirst du das Leben finden.

Wenn du einen Menschen zum Nachdenken anregst,
kannst du heimlich seinen Reis essen.

Wenn ich einen Satz auswählen sollte,
um meine ganze Lehre zusammenzufassen,
würde ich sagen: Lass nichts Böses
in deinen Gedanken sein!
Konfuzius

Wer alle Dinge
auf die leichte Schulter nimmt,
wird viele Schwierigkeiten haben.

Lernen, Wissen und Weisheit

Wer altes Wissen übt
und nach neuen Kenntnissen strebt,
macht sich zum Lehrer anderer.

Wer Bäume setzt, obwohl er weiß,
dass er nie in ihrem Schatten sitzen wird,
hat zumindest angefangen, den Sinn des
Lebens zu begreifen.
Rabindranâth Tagore

Wer bei einem Toren in die Lehre geht,
wird selbst ein Tor.

Wer andere kennt, ist klug;
wer sich selbst kennt, ist weise;
wer andere bezwingt, ist stark;
wer sich selbst bezwingt, ist
unbezwingbar;
wer genügsam zu sein weiß, ist reich;
wer seinen Willen durchsetzt, ist
willensmächtig;
wer sein Wesen nicht einbüßt, währt lang;
wer dahingeht und doch nicht vergeht,
lebt ewig.
Laotse

Wer auf einen Dummen hört,
dem geht die Sonne unter.

Wer das Morgen nicht bedenkt,
wird Kummer haben,
bevor das Heute zu Ende geht.
Konfuzius

Wer das Lernen liebt, der ist dem
Wissen nahe.
Konfuzius

Wer die Geschehnisse von drei Tagen
voraussehen kann,
wird reich für viele tausend Jahre sein.

Lernen, Wissen und Weisheit

Werde wieder wie ein staunendes Kind, das die Welt entdeckt – jeden Augenblick neu!

Wer fragt, ist ein Narr für fünf Minuten.
Wer nicht fragt, bleibt einer für allemal.

Wer klug ist,
strauchelt nicht am selben Ort ein zweites Mal.

Wer nur an die Bequemlichkeiten des Lebens denkt,
kann nicht wahrhaft gebildet sein.
Konfuzius

Wer sein Wissen angleichen will dem Wissen anderer,
dringt nie in die Tiefe und ist verdammt zur Seichtheit.
Dschuang Dse

Wer seine Unwissenheit zugibt,
zeigt sie einmal;
wer sie zu verbergen sucht, zeigt sie viele Male.

Wer sich an die Weisheit des Herzens hält
und sie als Autorität anerkennt,
was braucht der noch andere Autoritäten?

Wer sich mit der Vergangenheit und Gegenwart vertraut machen will,
muss fünf Fuhren Bücher lesen.

Wer Weisheit besitzt,
sorgt für tausend Münder;
wer keine besitzt, nur für sich selbst.

Willst du etwas wissen,
so frage den Erfahrenen und keinen Gelehrten.

Lernen, Wissen und Weisheit

Willst du für ein Jahr planen, säe Reis.
Planst du für ein Jahrzehnt, pflanze Bäume.
Planst du für ein Leben, erziehe einen Menschen.

Wir müssen immer höflich und geduldig
mit den anderen umgehen, die die Dinge nicht so sehen wie wir.
Mahatma Ghandi

Wir sind einander nah durch die Natur,
aber sehr entfernt durch die Bildung.
Konfuzius

Wir sind, was wir denken.
Alles, was wir sind,
entsteht mit unseren Gedanken.
Mit unseren Gedanken formen wir die Welt.
Buddha

Wissen, dass man nichts weiß,
ist wahre Weisheit.
Nichtwissen für Wissen achten ist Leid.
Laotse

Wissen sollte man durch Weisheit ersetzen,
dadurch wird Sorge schwinden.
Alles nur mit dem Verstand erfassen zu wollen,
wird Weisheit vertreiben.

Wissen zu erwerben, ohne über das Erlernte nachzudenken, ist sinnlos;
nur nachzudenken, ohne zu lernen,
führt zu gefährlichen Überlegungen.
Konfuzius

Wo jeder lärmend sich einmengt,
wird man niemals zur Vernunft kommen.
Buddha

Reden und Schweigen

Alle guten Worte dieser Welt
stehen in Büchern.

Alles Unglück kommt
durch den Mund.

Am Baume des Schweigens
hängt seine Frucht –
der Friede.

Auf Hochzeiten und
Beerdigungen
fällt es schwer,
richtige Antworten
zu geben.

Aus dem Scherz kommt die
Wirklichkeit hervor.

Aus einer Hundeschnauze kommt kein
Elfenbein –
aus einem dreckigen Maul kein
anständiges Wort.

Bei der Wahl der Worte genügt allein,
dass sie den Sinn vermitteln.

Bist du allein, so gedenke deiner
Schwächen,
bist du in Gesellschaft,
so sprich nicht von denen der anderen.

Dadurch, dass man über die
Verkehrtheiten anderer spricht,
macht man sich selbst nicht besser.
Konfuzius

Reden und Schweigen

Darin liegt die Kunst des Redens –
im Gespräch mit Klugen, stütz dich auf Gelehrsamkeit;
mit Gelehrten, stütz dich auf die Schärfe des Arguments;
mit Scharfsinnigen, stütz dich auf unerschütterliche Gelassenheit;
mit Vornehmen, stütz dich auf die Macht mächtiger Freunde;
mit Reichen, stütz dich auf pompöse Großzügigkeit;
mit Armen, stütz dich auf die Betonung des Nützlichen;
mit Tapferen, stütz dich auf die Kühnheit in Haltung und Wort;
mit Törichten, stütz dich auf alles, was ihnen Freude macht.

Das brandschatzende Wort zieht keine Lokomotive
in den Mund zurück.

Das größte Wort spricht,
wer abtut das Wort!
Die größte Tat vollbringt,
wer abtut die Tat.
Dschuang Dse

Das Leise hat eine starke Stimme.

Das Sprichwort ist der Schmuck der Rede.

Das treffende Wort kann dem Dolch deines Gegners die Schärfe nehmen.

Das treffende Wort setzt die Nadelspitze auf den Scheitelpunkt.

Das Wort, das schon dem Mund entschlüpft,
holt auch ein Viergespann nicht ein.
Lju Hsjuang

Das Wort des Menschen ist sein Wesen.

Das zweite Wort macht den Streit.

Dein Schweigen macht die Störung wachsen.

Den Schleier des Zweifels kannst du nur durch die richtigen Fragen lüften.

Reden und Schweigen

Der edle Mensch erhebt nicht Menschen wegen ihrer Worte, noch verwirft er Worte wegen Menschen.
Konfuzius

Der gute Redner ist einer, der bewirkt, dass die Menschen mit den Ohren zu sehen vermögen.

Der Staub der toten Worte haftet an dir. Bade deine Seele im Schweigen.
Rabindranâth Tagore

Der wahrhaft Edle predigt nicht, was er tut, bevor er nicht getan hat, was er predigt.
Konfuzius

Die gut reden können, haben nicht immer die besten Dinge zu sagen.

Die Kraft eines Herrschers liegt oft in seiner Zunge, denn Worte sind oft durchschlagender als Waffen.

Die Wissenden reden nicht viel, die Redenden wissen nicht viel.

Die Worte, deren Einfachheit in der Reichweite der ganzen Welt und deren Sinn ein tiefer ist, sind die besten.

Die Wunde von eines Messers Schneide heilt, aber der Hass, den böse Worte schlugen, stirbt nicht ab.

Die Zunge der Frauen ist ihr Schwert; sie sorgen dafür, dass es nicht rostet.

Die Zunge des Törichten ist das Messer, mit dem er sich das Leben eines Tages abschneidet.

Drei Gläser Wein bringen jedes Streitgespräch zu einem guten Ende.

Ein Bild sagt mehr als tausend Wörter.

Eine Frau sagt nein und nickt ja.

Reden und Schweigen

Ein edler Mensch schämt sich,
wenn seine Worte ständig großartiger
sind als seine Taten.
Konfuzius

Eine gezähmte Zunge verbürgt
ein sorgenfreies Herz.

Eines Mannes Wort ist wie ein Pfeil,
das einer Frau wie ein gebrochener
Fächer.

Eines Menschen Gespräch
ist der Spiegel seiner Gedanken.

Eine unklare Rede ist vergleichbar
mit einem blinden Spiegel.

Eine von Pfeilen verursachte Wunde
vernarbt;
ein von der Axt niedergehauener Wald
schießt wieder empor;
ein böses Wort, das die Zunge ausspricht,
ist abscheulich;
eine durch verletzende Worte
geschlagene Wunde
aber vernarbt niemals.

Ein Gerücht fliegt auch ohne Flügel.

Ein großer Sprecher hat nie Mangel an
Feinden.

Ein Kopf lässt sich abschlagen,
aber eine Zunge nicht einsperren.

Ein kluger Vogel schont seine Flügel.
Ein kluger Mensch spart seine Worte.

Einmal selbst sehen ist mehr wert,
als hundert Neuigkeiten hören.

Ein Mensch kann sich durch seine
Zunge zerstören.

Ein Nein aus tiefster Überzeugung
ist besser und größer als ein Ja,
das nur gesagt wird, um zu gefallen
oder um Schwierigkeiten zu vermeiden.
Mahatma Gandhi

Ein weiser Mann vertraut einem
Menschen
nicht nur aufgrund seiner Worte.
Konfuzius

Ein Wort, das tagsüber fällt,
hört ein Vogel;
ein Wort bei Nacht hört eine Ratte.

Reden und Schweigen

Es gibt Antworten, die Prügel verdienen.

Es hat keinen Wert,
über Dinge zu reden,
wenn man nicht auch beabsichtigt,
dem Reden die Tat folgen zu lassen.
Lu Chiu-Yüan

Es ist nicht gut,
von Träumen zu erzählen,
wenn man Fantasten trifft.

Es ist schwer, den harten Stein
böser Worte glatt zu schleifen.

Fein gedrechselte Worte und ein wohlgefälliges Gebaren
sind selten Zeichen wahrer Menschlichkeit.
Konfuzius

Fürchte dich vor Männern,
die mit lächelnden Lippen sprechen;
nimm dich auch in Acht vor Frauen,
die mittels ihrer Tränen sprechen.

Gegen die Zunge eines Bösen
ist kein Kraut gewachsen.

Glatte Worte und schmeichelnde Mienen
vereinen sich selten mit einem anständigen Charakter.
Konfuzius

Reden und Schweigen

Große Rede ist klar und durchsichtig,
kleine Rede ist laut und aufdringlich.
Chuang-Tzu

Hast du drei Tage kein Buch gelesen,
werden deine Worte seicht.

Im Gespräch mit einem wirklichen
Menschen
lernt man an einem Abend mehr
als in zehn Jahren aus Büchern.

In alten Zeiten gingen die Leute
nicht so leichtfertig mit der Sprache um,
denn sie hatten Skrupel, dass sie hinter
ihren eigenen Worten zurückbleiben
könnten.
Konfuzius

In der Einsamkeit hörst du die Stimmen
der Selbsterkenntnis und der Sehnsucht.

Reden und Schweigen

In einem guten Wort ist für drei Winter Wärme.
Ein böses Wort verletzt wie sechs Monate Frost.
Lass nichts Böses in deinen Gedanken sein.
Konfuzius

Ist eine Sache geschehen,
dann rede nicht darüber;
es ist schwer, verschüttetes Wasser
wieder zu sammeln.

Je leichter es ist, etwas zu versprechen,
umso schwerer ist, es dann zu halten.
Laotse

Je schöner eine Blüte ist,
umso seltener wird sie entdeckt.
Je schöner ein Wort ist,
umso seltener ist es zu hören.
Konfuzius

Je stiller du bist, desto mehr
kannst du hören.

Kommst du in ein fremdes Haus,
so richte deinen Blick nicht auf das,
was darin nicht in Ordnung ist.
Dein Auge mag es wohl sehen,
dein Mund aber schweige.

Lachen kann nicht zurückbringen,
was Ärger vertrieben hat.

Lerne zu schweigen und du merkst,
dass du viel zu viel geredet hast.

Lieber einer, der zuzuhören versteht,
als einer, der zu reden versteht.

Reden und Schweigen

Mancher redet große Worte
und gebraucht nur kleine Münzen.

Man hört eine Sache;
zehn werden verstanden.

Meinungen sind wie Nägel:
Je mehr du auf sie einschlägst,
umso tiefer dringen sie ein.

Mit einem Mann nicht zu reden,
mit dem sich reden lässt,
bedeutet, einen Menschen verlieren.
Mit einem Manne zu reden,
mit dem sich nicht reden lässt,
bedeutet, seine Worte vergeuden.
Konfuzius

Mit süßen Worten lockt man
selbst Schlangen aus ihren Löchern.

Nicht ausgesprochene Worte
sind Blumen des Schweigens.

Nichts wird so oft versehentlich
geöffnet wie der Mund.

Öffentliche Meinung kann Gold
zum Schmelzen bringen.

Papier und Pinsel töten ohne Schwert.

Reden kocht keinen Reis.

Schildkröten können mehr über
die Straße erzählen als Hasen.
Khalil Gibran

Reden und Schweigen

Schlage die Trommel drinnen,
dass sie draußen keiner hören kann.

Schlaues Reden verdirbt die Tugend.

Sei nicht prahlerisch;
es könnte jemand dabei sein,
der dich als Kind gekannt hat.

Sich durchfragen ist besser
als sich durchschlagen.

Süße Worte machen krank,
bittere Worte sind Medizin.

Über einen anderen schlecht zu reden
ist ebenso leicht wie Brei zu essen.

Reden und Schweigen

Um eines Wortes willen
wird ein Mensch für weise gehalten,
um eines Wortes willen für töricht.
Wir sollten sorgsam sein in dem,
was wir sagen.
Konfuzius

Wahre Worte sind nicht angenehm,
angenehme Worte sind nicht wahr.
Laotse

Was in ein Ohr geflüstert wird,
wird oft hundert Meilen entfernt gehört.

Was man einem anderen ins Gesicht
sagt, ist kein Klatsch.

Wenn das Herz verletzt ist,
dann ist die Sprache stürmischer
als der Wind auf dem Meer.

Wenn du zu schweigen weißt,
so kannst du ein trefflicher Mann werden.

Wenn die Sprache nicht stimmt,
dann ist das, was gesagt wird,
nicht das, was gemeint ist.
Konfuzius

Reden und Schweigen

Wenn ein einziger Hund anfängt,
einen Schatten anzubellen,
machen zehntausend Hunde
daraus eine Wirklichkeit.

Wenn ich mein Geheimnis
verschweige,
ist es mein Gefangener.
Lasse ich es aber entschlüpfen,
so bin ich sein Gefangener.

Wenn deine Zunge nur gute Rede
kennt,
dann werden dich die Menschen lieben.

Wenn man dir nicht zuhört,
dann lass dein vieles Reden sein.

Wenn Wörter ihre Bedeutung verlieren,
verlieren Menschen ihre Freiheit.
Konfuzius

Wer der Überlegung seines Herzens
folgt, schläft ohne Unruhe,
und wer seine Zunge hütet,
schläft ohne Feind.
Konfuzius

Reden und Schweigen

Wer in seinen Worten nicht maßvoll und zurückhaltend ist, von dem ist schwerlich zu erwarten, dass er seine Worte auch ausführt.
Konfuzius

Wer nicht streitet,
mit dem kann niemand
auf der ganzen Welt streiten.

Wer schweigt,
wenn es Zeit zu reden ist,
gilt zu Recht als Dummkopf.

Wer sich nicht auf den Wert der Worte versteht,
kann die Menschen nicht kennen.
Konfuzius

Wer viel spricht, hat weniger Zeit zum Denken.

Worte, die nahe liegen,
aber in die Ferne weisen,
sind gute Worte.

Zwecklos ist es, über Dinge,
die geschehen sind, zu reden.
Zwecklos ist es, bei Dingen,
die im Laufen sind, zu mahnen.
Zwecklos ist es zu tadeln,
was vergangen ist.
Konfuzius

Wahrhaftigkeit, Wahrheit und Lüge

Alles ist in uns selbst vorhanden.
Wenn wir in uns gehen und wahrhaftig sind:
Das ist die höchste Freude.
Konfuzius

Auch eine Lüge hilft zuweilen.

Auf dem Haupte der Ehrlichkeit hausen die Götter.

Das Gerücht ist oft die Schmetterlingspuppe,
aus der die Wahrheit schlüpft.

Das Herz sei nicht ohne Wahrheit.
Ist es voll Wahrheit, zieht nie mehr Begierde ein.
Hung Ying-Ming

Dem Herz, das ehrlich ist,
öffnen selbst Steine sich.
Lju Hsjuang

Der Mensch ist der Bogen,
der Gedanke der Pfeil
und Rechtschaffenheit das Ziel.

Der Scherz ist oft das Loch,
aus dem die Wahrheit pfeift.

Die Menschen können den Weg der Wahrheit verherrlichen.
Nicht aber verherrlicht die Wahrheit die Menschen.
Konfuzius

Wahrhaftigkeit, Wahrheit und Lüge

Die Wahrheit auf der Straße hören und
wiederum sogleich auf der Straße
weitergeben
bedeutet nichts anderes, als die Tugend
wegwerfen.
Konfuzius

Die Wahrheit, die sich in Worten
ausdrücken lässt,
ist nie die endgültige Wahrheit.
Laotse

Ein Anhänger der Wahrheit
darf nicht aus Rücksicht
auf die Konvention handeln.
Er muss sich immer offenhalten
für Korrektur und wenn er entdeckt,
dass er im Irrtum ist,
muss er es um jeden Preis eingestehen
und es wiedergutmachen.
Mahatma Gandhi

Die Wahrheiten, die wir am wenigsten
gern hören,
sind diejenigen, die wir am nötigsten
kennen sollten.

Die Worte eines Lügners sind
wie ein Netz aus feinem Garn,
in dem er sich zuletzt selbst verstrickt.

Ein aufrichtiger Gedanke
kann Himmel und Erde bewegen.

Wahrhaftigkeit, Wahrheit und Lüge

Eine Lüge, die wahrscheinlich klingt,
wird eher geglaubt als eine Wahrheit,
die einem recht unwahrscheinlich
vorkommt.

Ein hübsches Gesichtchen
ist den Menschen angenehmer
als eine Wahrheit ins Gesicht.
Konfuzius

Gold ist Dünger, Wahrheit Gold.

Könnten wir die ganze Wahrheit
schauen,
so wären wir nicht mehr bloß Sucher,
sondern eins mit Gott.
Mahatma Gandhi

Lass beim Lügen vorsichtshalber
ein wenig spüren,
dass es eine Lüge ist.

Lieber sterben als von der Wahrheit
abweichen.

Man kann von drei Armeen den
General gefangen nehmen,
aber einem aufrechten Mann kann man
nicht den Willen rauben.

Niemand ist weiter von
der Wahrheit entfernt
als derjenige, der alle
Antworten weiß.
Dschuang Dsi

Wahrhaftigkeit, Wahrheit und Lüge

Nur wer über dem Durchschnitt steht,
ist reif für tiefere Wahrheiten.
Wer unter dem Durchschnitt steht,
erhält nie die Reife dafür.
Konfuzius

Saget nicht:
„Ich habe die Wahrheit gefunden",
saget lieber:
„Ich habe eine Wahrheit gefunden."
Khalil Gibran

Tränen sind wie Perlen.
Man weiß nie, ob sie echt sind.

Wahrheit dauert, Lüge endet bald.

Wahrheit ist der Weg des Himmels.
Die Verwirklichung der Wahrheit ist der Weg des Menschen.
Konfuzius

Wahrheit ist nicht, was die Mutter sagt,
sondern was die Nachbarn meinen.

Wahrheit kommt mit wenigen Worten aus.
Laotse

Wenn die Wahrheit sich ausbreiten soll,
so ist dies der Wille des Himmels.
Wenn die Wahrheit untergehen soll,
so ist auch dies der Wille des Himmels.
Konfuzius

Wenn du die Wahrheit erkennen willst,
dann sei nicht für, aber auch nicht gegen etwas.
Der Kampf zwischen dem „Für etwas
oder gegen etwas sein"
ist die schlimmste Krankheit der
menschlichen Vernunft.

Wahrhaftigkeit, Wahrheit und Lüge

Wenn im Herzen Aufrichtigkeit ist,
wird sich Schönheit im Wesen zeigen.
Wenn im Wesen Schönheit ist,
wird Eintracht im Hause herrschen.
Konfuzius

Wenn man nicht miteinander spricht,
wird man sich feind.

Wenn wir nicht ganz wir selbst sind,
wahrhaft im gegenwärtigen Augenblick,
verpassen wir alles.
Thich Nhat Hanh

Wer am Morgen die Stimme der
Wahrheit vernommen hat,
der mag am Abend zufrieden sterben.
Er hat nicht umsonst gelebt.
Konfuzius

Wer das Gute, Schöne und Wahre
in seinem Herzen wohl begründet hat,
dem wird es so leicht nicht entrissen
werden.
Laotse

Wer die Wahrheit sucht,
darf nicht erschrecken,
wenn er sie findet.

Wer viel sagt, sagt Unrichtiges.
Wohl dem, der nichts sagt.

Wer zu lügen weiß,
weiß nicht zu lieben,
noch seine Eltern zu achten.

Glaube, Trost und Zuversicht

Alle Flüsse münden ins Meer.

Alle Dinge weisen in eine Richtung.

Andere Besiegender hat Kraft,
sich selbst Besiegender ist stark.

Ärgere dich nicht darüber,
dass der Rosenstrauch Dornen trägt,
sondern freue dich darüber,
dass am Dornenstrauch Rosen blühen.

Auch Buddha war zuerst
nur ein gewöhnlicher Mensch.

Auch das größte Problem dieser Welt
hätte gelöst werden können,
solange es noch klein war.
Laotse

Auch die dunkelste Wolke
hat einen silbernen Rand.

Auch durch ein Nadelöhr
kann man den Himmel sehen.

Auch eine blinde Katze
findet einmal eine tote Maus.

Auch ein hunderttausend Fuß hoher
Turm ruht auf der Erde.

Auf einem weiten Weg
gibt es keine leichten Lasten.

Aus vielen Sandkörnern
entsteht eine Pagode.

Bei allem, was man mit dem Herzen tut,
braucht man keinen Helfer.

Bei schwierigen Prüfungen
wende dich deinem eigenen Herzen zu,
suche Zuflucht in dir selbst
und steige mit erneuerten Kräften
wieder aus dir empor.

Glaube, Trost und Zuversicht

Beten ist nicht bitten.
Es ist ein Sehnen der Seele.
Mahatma Gandhi

Glaube, Trost und Zuversicht

Bewältige eine Schwierigkeit
und du hältst einhundert andere von dir fern.
Konfuzius

Blumen lassen einen Teil ihres Duftes
in der Hand desjenigen,
der sie verschenkt.

Das Heiße ist vergessen,
hat es erst einmal die Kehle passiert.

Das Leben ist einfach –
du triffst Entscheidungen
und blickst nicht zurück.

Das Leben meistert man lächelnd –
oder überhaupt nicht.

Dass die Vögel des Kummers
und der Sorge
über deinem Haupt fliegen,
kannst du nicht ändern.
Aber dass sie Nester in deinem Haar bauen,
das kannst du verhindern.

Das Wort Verzeihung ist die beste
Münze im Haus.

Glaube, Trost und Zuversicht

Dem Furchtbaren furchtlos begegnen,
so schwindet es von selbst.

Den Hungernden muss Gott in der Form
von Brot erscheinen.
Mahatma Ghandi

Der Berg lacht nicht über den Fluss,
weil er tief unten ist –
und der Fluss schmäht den Berg nicht,
weil er unbeweglich ist.

Der Frieden kommt durch
Verständigung,
nicht durch Vereinbarung.

Der Kluge sieht das Gemeinsame
in den verschiedenen Religionen,
der Dummkopf die Unterschiede.

Der Mensch hängt vom Himmel
so wie das Schiff vom Lotsen ab.

Glaube, Trost und Zuversicht

Der Mensch wurzelt in seinen Ahnen, aber alle Dinge haben ihre Wurzeln im Himmel.

Der Pessimist sieht in jeder Chance eine Bedrohung,
der Optimist in jeder Bedrohung eine Chance.

Der überlegene Mensch lebt still und ruhig.
Er wartet auf den Willen des Himmels.

Der Wagen findet schon seinen Weg über den Berg,
wenn er erst einmal dort ist.

Der Winter liegt auf meinem Haupt, aber der ewige Frühling ist in meiner Seele.

Glaube, Trost und Zuversicht

Die Füße dessen, der wegläuft,
und dessen, der ihn verfolgt,
werden gleichermaßen müde.

Die Inkarnation der göttlichen Führung ist immer in der Mitte des Gedränges der Masse.

Die prachtvollsten Blumen
blühen oft im Verborgenen.

Die Rose hat Dornen nur für jene,
die sie berühren wollen.

Glaube, Trost und Zuversicht

Du hast nicht gesehen,
woher du gekommen bist.
Du wirst nicht sehen, wohin du gehst.
Dazwischen liegt das Sichtbare –
deine Insel.

Ein Edelstein wird ohne Reiben
nicht blank,
ein Mensch ohne Prüfung
nicht vollkommen.

Eine geschickte Hand
holt den Frühling zurück.

Ein Menschenleben füllt nicht hundert Jahre,
doch immer ist es voll von tausend
Jahren Sorge.
Der Mittag kurz und lang die Nächte!
Warum nicht greifst du nach der Lampe,
gehst die kurzen Freuden dir suchen,
wenn nicht heute? Was willst du warten
Jahr um Jahr?

Ein Mensch kann seine Religion oder
die Grundsätze, die er bekennt,
groß und einflussreich machen.
Nie aber können einen Menschen seine Religion
oder die Grundsätze, die er bekennt,
bedeutend machen.
Konfuzius

Glaube, Trost und Zuversicht

Es gibt drei wirkliche Dinge:
Gott, die menschliche Narretei
und das Lachen.
Die beiden ersten übersteigen unser
Begriffsvermögen,
also müssen wir so viel wie möglich aus
dem dritten machen.

Es gibt keinen Weg zum Frieden.
Der Frieden ist der Weg.
Mahatma Gandhi

Es gibt nichts, was man im dritten
Anlauf nicht meistern könnte.

Es ist besser,
ein kleines Licht zu entzünden,
als über große Dunkelheit zu klagen.
Konfuzius

Es schadet einem nicht,
wenn einem Unrecht geschieht.
Man muss es nur vergessen können.
Konfuzius

Fällst du siebenmal,
stehe achtmal auf.

Fast alles, was du tust, ist letzten Endes
unwichtig ...
aber es ist wichtig, dass du es tust.
Mahatma Gandhi

Glaube, Trost und Zuversicht

Fege den Staub des letzten Jahres fort
und mit ihm alle unguten Gefühle.

Für Leute, die nur einen Hammer als
Werkzeug haben,
ist jedes Problem ein Nagel.

Gehe nur hin in die Dunkelheit
und lege deine Hand in die Hand Gottes!
Das ist besser als ein Licht
und sicherer als ein bekannter Weg!

Gott trifft selbst durch das Dach des
eigenen Hauses.

Gott wohnt auch im Tiger,
aber das ist kein Grund,
den Tiger zu umarmen.

Hebe deine Augen auf
und du wirst die Sterne sehen!

Hebt man den Blick, so sieht man keine
Grenzen.

Himmel und Erde,
Menschen und Geister –
alles liebt den Geringen,
nicht den Stolzen.

Hoffnung ist wie der Zucker im Tee:
Auch wenn sie klein ist, versüßt sie alles.

In düsterer Nacht macht auch das
kleinste Glühwürmchen helle Freude.

Glaube, Trost und Zuversicht

In jedem Wassertropfen ist Wasser,
in jedem Strahl ist Licht,
in jedem Funken ist Feuer.
So ist auch in jedem Geschöpf ein Schöpfer.

Inmitten einer großen Sorge soll man niemandem irgendetwas versprechen;
inmitten eines großen Ärgers
soll man keinen Brief beantworten.

In Träumen, Spiegeln und Wasser
trifft man den Himmel und die Erde.

Ist nicht der Glaube das Sinnesorgan des Herzens,
genauso wie es das Sehvermögen für das Auge ist?
Khalil Gibran

Jede dunkle Nacht hat ein helles Ende.

Kannst du kein Stern am Himmel sein,
sei eine Lampe im Haus.
Laotse

Klopfe an den Himmel und horche auf den Klang.

Kummer, unausgesprochen,
hat schon manches Herz gebrochen.

Lächle, denn es gibt einen Frühling
in deinem Garten, der die Blüten bringt,
einen Sommer, der die Blätter tanzen
und einen Herbst, der die Früchte reifen lässt.

Glaube, Trost und Zuversicht

Lass dir Leben und Tod
gleich wichtig sein,
und dein Verstand wird ohne Angst sein.
Laotse

Lass Vergangenes nicht dein Leben diktieren;
doch nutze es als Ratgeber für deine Zukunft.

Lass mich nicht beten, behütet zu sein
vor Gefahren, sondern furchtlos,
sie zu bestehen.
Rabindranâth Tagore

Glaube, Trost und Zuversicht

Leuchtende Tage – nicht weinen,
weil sie vorüber,
sondern lächeln, dass sie gewesen.
Rabindranâth Tagore

Lieber auf Erden den Kummer tragen,
als in der Erde begraben sein.

Menschen, die mich kennen,
gibt es nicht.
Nur einer kennt mich: der Himmel.
Konfuzius

Menschliche Wertschätzung kann sogar
infolge kleinlicher Ursachen
eines Tages in Hass umschlagen,
göttliche Liebe jedoch ist unveränderlich,
nur der Tod vermag sie aufzuheben.
Konfuzius

Missgeschick ist manchmal der Regen
des Frühlings.
Möge dein schlechtester Tag der Zukunft
besser sein
als dein bester der Vergangenheit.
Laotse

Nach drei Jahren mag sogar ein Unheil
zu etwas nütze sein.

Nichts missglückt so schnell,
als wenn man keine Schwierigkeiten
sieht.

Ob der Mensch seine Pläne zustande
bringt, der Himmel fügt es.

Glaube, Trost und Zuversicht

Quäle deine Seele nicht mit Dingen,
die unvermeidbar sind. Grüble nicht
über die Sorgen der kommenden Zeit.
Sprich nicht dauernd über unerquickliche
Dinge,
höre auch nicht darauf, wenn andere
dir damit in den Ohren liegen.
Laotse

Rühre an das Leere in deinem Leben
und dort werden Blumen blühen.
Zen-Weisheit

Schaue zum Himmel,
wenn du den Mond sehen willst,
und nicht in den Teich.

Selbst ein Weg von tausend Meilen
beginnt mit einem Schritt.

Sei wie der Bambus.
Beuge und biege dich anmutig
und du wirst niemals brechen.

Glaube, Trost und Zuversicht

Selbst ein Lahmer kann
in die Spur des Tigers treten.

Sieh auf die Natur:
Sie ist beständig in Aktion,
steht nie still,
und doch schweigt sie.
Mahatma Gandhi

Solange du Vergangenem nachhängst
oder Zukünftigem nachstellst,
bist du nicht wirklich hier, am Leben.

Sorgen sind ein Missbrauch der
Fantasie.

Über Vergangenes mache dir keine
Sorgen,
dem Kommenden wende dich zu.
Tseng Kuang

Verwandle große Schwierigkeiten in
kleine und kleine in gar keine.

Vom Himmel kommt die ganze Kraft,
die in mir ist.
Konfuzius

Vor des Himmels Vorsehung gibt es
keine Flucht.

Was das Auge nicht sieht,
bekümmert das Herz nicht.

Was uns den Weg verlegt,
bringt uns voran.

Wende dich stets der Sonne zu,
dann fallen die Schatten hinter dich!

Wenn der Mond dir leuchtet,
brauchst du nicht mehr
nach den Sternen zu schielen.

Glaube, Trost und Zuversicht

Wenn die Hoffnung aufwacht,
legt sich die Verzweiflung schlafen.

Wenn die Wurzeln tief sind,
braucht man den Wind nicht zu fürchten.

Wenn die Zeit nicht reif ist,
kann nichts es geschehen machen;
wenn sie reif ist, kann nichts es
verhindern.

Wenn du genug gelitten hast,
wirst du dich an den Punkt bringen,
der alles verändert.

Wenn du loslässt, hast du zwei Hände
frei.

Wenn Gott nicht verzeihen würde,
bliebe sein Paradies leer.

Wer den Willen des Himmels
nicht kennt,
der ist kein edler Mensch.
Konfuzius

Wer die Mitte findet,
sieht das Ganze.

Wer gegen den Himmel sündigt,
hat niemand, zu dem er beten kann.
Konfuzius

Glaube, Trost und Zuversicht

Wer jeden Schritt vorher
lange überlegt,
bringt sein ganzes Leben
auf einem Bein zu.

Wer kein Ungemach ertragen kann,
ist nicht zu großen Dingen berufen.

Wer neu anfangen will,
soll es sofort tun,
denn eine überwundene Schwierigkeit
vermeidet hundert neue.

Wer nur zurückschaut,
kann nicht sehen,
was auf ihn zukommt.
Konfuzius

Wer sich selbst alles zutraut,
wird andere übertreffen.

Willst du wertvolle Dinge sehen,
so brauchst du nur dorthin zu blicken,
wohin die große Menge nicht sieht.
Laotse

Wirf deine Gedanken wie Herbstblätter
in den blauen Fluss,
schau zu, wie sie hineinfallen und
davontreiben –
und dann: vergiss sie.

Wolken und Nebel
sind doch nur Luftgestalten:
Über ihnen strahlt ewig die Sonne, der
Mond.

Innere Harmonie, Geduld und Gelassenheit

Am ruhigen Fluss ist das Ufer voller Blumen.

An Ärger festhalten ist, wie wenn du ein glühendes Stück Kohle festhältst mit der Absicht, es nach jemandem zu werfen –
derjenige, der sich dabei verbrennt, bist du selbst.
Buddha

Abwarten bringt schöne Tage.

Alles Große kommt aus der inneren Stille.

Innere Harmonie, Geduld und Gelassenheit

Besäße der Mensch Gelassenheit,
so wäre ihm fast nichts unmöglich.

Bist du geduldig in einem Augenblick
des Zorns,
wirst du dir hundert Tage Kummer
sparen.

Charme ist im Menschen
wie das Brennen des Feuers,
das Leuchten der Kerze,
das Funkeln von kostbaren Steinen,
Gold und Silber. Es ist etwas Geistiges.
Li Li-Weng

Das Köstliche iss noch am selben
Abend,
den Ärger sprich erst am nächsten
Morgen aus.

Das Lächeln, das du aussendest,
kehrt zu dir zurück.

Den Bogen immer nur zu spannen,
ohne ihn je zu entspannen,
das hätten selbst die weisen Könige von
Wen und Wu nicht vermocht.
Spannen ohne Entspannung,
das hätten sie gar nicht gewollt!
Anspannung im Wechsel mit
Entspannung, das ist der rechte,
der gute Weg.
Konfuzius

Innere Harmonie, Geduld und Gelassenheit

Der aus eigener Kraft
Herr über sich selbst wird,
ist wie der Polarstern,
er bewegt sich nicht,
und das All kreist um ihn herum.
Konfuzius

Der Fehler liegt in der Eile.

Der Gelassene nutzt seine Chance
besser als der Getriebene.

Der höhere Mensch ist im Frieden mit
sich selbst;
der Gemeine macht sich ständig Sorgen.
Konfuzius

Der Ozean kennt keine völlige Ruhe –
das gilt auch für den Ozean des Lebens.
Mahatma Gandhi

Der Reisende ins Innere findet alles,
was er sucht, in sich selbst.
Das ist die höchste Form des Reisens.
Laotse

Die Geduld nicht verlieren,
auch wenn es unmöglich erscheint –
das ist Geduld.

Die Gelassenheit schärft den Blick
für das Wesentliche.

Die größte Offenbarung ist die Stille.
Laotse

Die Stille ist nicht auf den Gipfeln der
Berge,
der Lärm nicht auf den Märkten der
Städte;
beides ist in den Herzen der Menschen.

Die Zeit fließt dahin wie ein Fluss.
Sie kehrt nicht zurück.

Durch Leichtfertigkeit
verliert man die Wurzeln,
durch Unruhe die Übersicht.
Laotse

Innere Harmonie, Geduld und Gelassenheit

Ein Augenblick der Ungeduld
kann ein ganzes Leben zerstören.

Ein Augenblick Gelassenheit
kann viel Unglück verhüten.

Einen Tag lang ungestört in Muße zu
verleben, heißt, einen Tag lang
ein Unsterblicher zu sein.

Eine Spanne Zeit kann nicht
mit einer Spanne Gold gekauft werden.

Es gibt eine Vollkommenheit tief
inmitten alles Unzulänglichen.
Es gibt eine Stille, tief inmitten aller
Ratlosigkeit.
Es gibt ein Ziel, tief inmitten aller
weltlichen Sorgen und Nöte.
Buddha

Innere Harmonie, Geduld und Gelassenheit

Es gibt eine Zeit zum Fischen
und eine zum Netze-Trocknen.

Es gibt kahle, stille Strecken
in meinem Leben.
Dies sind die freien Plätze,
die meinen geschäftigen Tagen
Licht und Luft geben.
Rabindranâth Tagore

Es gibt keinen Ort, wo der Geist zu
finden wäre.
Er ist wie Fußspuren der Vögel am
Himmel.
Zenrim

Es gibt Wichtigeres im Leben,
als beständig dessen Geschwindigkeit
zu erhöhen.
Mahatma Gandhi

Fehler entstehen in der Eile,
niemals, wenn etwas in aller Ruhe
gemacht wird.

Für Männer geht Wissen über Tugend,
für Frauen heißt Tugend: dem Wissen
entsagen.

Geduld ist der Schlüssel zur Freude.

Geduld ist die Kunst,
nur langsam wütend zu werden.

Geduld ist ein Baum,
dessen Wurzel bitter,
dessen Frucht aber sehr süß ist.

Geduld verlieren heißt Würde verlieren.

Geh in den Garten
und höre auf die Stille
zwischen den Geräuschen:
Dies ist die wahre Musik der Natur.

Geh langsam und du findest
immer wieder zu dir selbst.

Genieße das Leben,
es ist später, als du denkst.

Gönne dir einen Augenblick der Ruhe
und du begreifst, wie närrisch du
herumgehastet bist.
Laotse

Große Dinge zerfallen in kleine.
Kleine zerbröseln in Staub.

Innere Harmonie, Geduld und Gelassenheit

Habe Geduld mit jedem Tag deines Lebens.
Zen-Weisheit

Halten wir Bewegung an,
gibt es keine Bewegung mehr.
Bewegen wir das Ruhende,
gibt es kein Ruhendes mehr.
Sosan

Hast du keine Zeit,
bist du ärmer als ein Bettler.

Innere Harmonie, Geduld und Gelassenheit

Halte ein, wenn es Zeit ist,
innezuhalten.

Hast du es eilig, so mache einen
Umweg.

In fließendem Wasser kann man sein
eigenes Bild nicht sehen,
wohl aber in ruhendem Wasser.
Nur wer selbst ruhig bleibt, kann zur
Ruhestätte all dessen werden,
was Ruhe sucht.
Laotse

Je länger die Nacht,
desto zahlreicher die Träume.

Ist man in kleinen Dingen nicht
geduldig,
bringt man die großen Vorhaben zum
Scheitern.
Konfuzius

Konzentration und Geduld weisen den
Weg.
Zen-Weisheit

Innere Harmonie, Geduld und Gelassenheit

Lebe im Moment, sei einfach du,
und lasse deine Gefühle zu.
Wenn du ehrlich, offen und
unvoreingenommen bist,
kannst du dir auch leisten,
aus dem Bauch heraus zu handeln,
so wie du es gerade für angemessen
hältst.

Miss den zehntausend Dingen keine
Bedeutung bei
und dein Herz wird nicht verwirrt sein.
Laotse

Mit Geduld bekommst du auch
von unreifen Trauben Sirup.

Man kann das Wachstum eines
Pflänzchens nicht beschleunigen,
indem man an ihm zieht.

Narren hasten, Kluge warten,
Weise gehen in den Garten.

Innere Harmonie, Geduld und Gelassenheit

Nicht außerhalb, nur in sich soll man den Frieden suchen.
Wer die innere Stille gefunden hat, der greift nach nichts
und er verwirft auch nichts.
Buddha

Nichts stiftet so viel Schaden wie Zorn und nichts bringt mehr Nutzen als Geduld.

Nimm die Welt von der leichten Seite und der Geist wird frei von jeder Last sein.
Laotse

Nimm dir jeden Tag eine halbe Stunde Zeit für deine Sorgen
und in dieser Zeit mache ein Schläfchen.
Laotse

Nimm dir Zeit zum Überlegen und Beratschlagen.
Wenn du aber dann weißt,
was du willst, dann
bringe dein Vorhaben
schnell zum Abschluss.
Laotse

Nur ein ruhendes Gewässer wird wieder klar.

Nur in einem ruhigen Teich
spiegelt sich das Licht der Sterne.

Ob auf dem Weg eine Spur bleiben wird oder nicht –
bedachtsam will ich meinen Weg gehen.

Ob du eilst oder langsam gehst,
der Weg vor dir bleibt derselbe.

Quäle deine Seele nicht mit Dingen, die unvermeidbar sind.
Grüble nicht über die Sorgen der kommenden Zeit.
Sprich nicht dauernd über unerquickliche Dinge,
höre auch nicht darauf, wenn andere dir damit in den Ohren liegen.

Ruhe bringt Gleichgewicht und Leichtigkeit,
Gleichgewicht und Leichtigkeit bringen inneren Frieden und Gelassenheit.
Tschang-Tse

Ruhe, Ergebung, Leere, Nichthaben, Untätigkeit –
sie bilden das Gleichgewicht
von Himmel und Erde
und sind das wahre Wesen des rechten Weges und seiner Macht.
Dschuang Dsi

Innere Harmonie, Geduld und Gelassenheit

Ruhig sein – dem Strom der Zeit
die rechte Richtung geben.

Schön und schnell verträgt sich nicht.

Seelenruhe erwirbt man durch Wissen,
erworben ohne Vorliebe und Abneigung.
Mo Dse

Sitz still, mein Herz,
wirble keinen Staub auf.
Lass die Welt den Weg zu dir finden.
Rabindranâth Tagore

Innere Harmonie, Geduld und Gelassenheit

Selbst dem klügsten Mann nützt seine Weisheit nicht,
wenn er nicht ausgeglichen ist.

Sitze still, ohne etwas zu tun,
der Frühling kommt und das Gras wächst von selbst.

Sogar wenn er verfolgt wird,
ist der Schmetterling niemals in Eile.

Sorgliches Innehalten auf halbem Wege bringt Heil.

Suche die Stille auf
und nimm dir die Zeit und den Raum,
um in deine eigenen Träume
und Ziele hineinzuwachsen.

Tue nichts im Zorn!
Warum in dem Augenblick
an Bord gehen,
wo ein rasender Sturm das Meer aufwühlt?

Übe die Regungslosigkeit,
beschäftige dich mit Untätigkeit,
finde im Verzicht Genuss,
und du siehst das Große im Kleinen,
das Viele im Wenigen.
Laotse

Innere Harmonie, Geduld und Gelassenheit

Um aber die Welt zu gewinnen,
muss man frei sein von Geschäftigkeit.
Laotse

Um zur inneren Ruhe zu gelangen,
sollte man sich wie die Erde selbst
verhalten.
Träglich trampeln die Menschen auf ihr
herum umd fügen ihr Schaden zu –
und doch schenkt sie einem täglich,
was man zum Leben braucht.
Laotse

Unbeteiligtsein führt dazu,
der Dinge wahres Wesen zu erfassen;
ruhig sein – dem Fluss des Bewegten
die rechte Richtung zu geben.
Han Fe Dse

Unveränderlichkeit und Ruhe
sind Zeichen
äußerster Vollkommenheit.

Verbringe jeden Tag
einige Zeit mit dir selbst.
Dalai Lama

Verlorenes Geld kannst du
wiederfinden,
verlorene Zeit nie.

Wähle einen schönen Platz
in der Stille,
setze dich hin und sei ruhig.
Wenn du willst, dann weine.

Innere Harmonie, Geduld und Gelassenheit

Warum irrst du, o Herz,
umsonst umher?
So ruhe doch irgendwo aus!
Wie alles sich von selbst gestaltet,
so wird es, nicht anders.
Des Vergangenen sollst du nicht
gedenken
und auch über das Zukünftige dir keine
Gedanken machen:
genieße hier die Freuden, die unerwartet
kommen und gehen.
Bhartrihari

Wenn du hundert Yen hast,
kaufe dir für fünfzig Yen Brot,
für die anderen fünfzig aber
Hyazinthen für die Seele.

Wenn man lange genug wartet,
wird das schönste Wetter.

Wenn Wissen und Gelassenheit
sich gegenseitig ergänzen,
entstehen Harmonie und Ordnung.
Dschuang Dsi

Wer das Ziel kennt, kann entscheiden.
Wer entscheidet, findet Ruhe.
Wer Ruhe findet, ist sicher.
Wer sicher ist, kann überlegen.
Wer überlegt, kann verbessern.
Konfuzius

Wer einen weiten Weg vor sich hat,
soll nicht laufen.

Wer keine Ausdauer hat bei
Kleinigkeiten,
dem misslingt der große Plan.

Innere Harmonie, Geduld und Gelassenheit

Wer lächelt, statt zu toben,
ist immer der Stärkere.

Wer mit Gelassenheit handelt,
erreicht, was er erstrebt.

Wer ruhig leben will, darf nicht sagen, was er weiß, und nicht glauben, was er hört.

Wer sein Herz dem Ehrgeiz öffnet,
verschließt es der Ruhe.

Wer seine Mitte nicht verliert,
der dauert.
Laotse

Wer sich abhetzt, wird nie Vollkommenheit erlangen.
Dazu gehören Ruhe und Stille.

Wohin du auch gehst,
geh mit deinem ganzen Herzen.
Konfuzius

Wolken ziehen auf, von Zeit zu Zeit –
sie bringen die Chance,
ein wenig auszuruhen
von der Betrachtung des Mondes.

Wo zwei zusammenstoßen,
siegt der Besonnene.
Laotse

Wunschlosigkeit führt zur inneren Ruhe.
Laotse

Zeit ist kostbarer als Gold.

Freundschaft und Zwischenmenschliches

Alle Menschen innerhalb
der vier Meere sind Brüder.

An des anderen Vorteil denken
wird zum eigenen werden.

Auf Freundschaft sei Treue,
auf Gutherzigkeit sei Güte,
auf Recht und Unrecht
die Gerechtigkeit die Antwort!
Konfuzius

Außer dir gibt es noch andere
Menschen,
so wie es über dem Himmel noch andere
Himmel gibt.

Begehe auch nicht eine schlechte
Handlung,
übe in vortrefflicher Weise heilsames Tun
und zähme deinen Geist: Das ist die
Lehre des Erwachten.
Buddha

Bei Menschen sucht man nach den
altvertrauten,
bei Dingen nicht, die will man neu.

Bitterer als der Verlust eines
Goldklumpens
ist dir die Erinnerung an eine Frau,
die du
hättest haben können.

Brüder sind wie Arme und Beine,
mit denen man zeitlebens verbunden
bleibt;
ein Weib aber gleicht einem Kleid:
Gefällt es dir nicht mehr,
so kaufst du dir ein neues.

Freundschaft und Zwischenmenschliches

Bücher sprechen zum Verstand,
Freunde zum Herzen,
der Himmel zur Seele
und alles andere zu den Ohren.

Daheim baue auf deine Eltern;
überschreitest du aber die Schwelle des Hauses, so baue auf die Freunde.

Das Andenken eines gütigen Mannes währet lange,
der Mann schlechten Rufes ist bald vergessen.

Das Ansehen von tausend Jahren
kann durch das Verhalten
während einer Stunde bestimmt werden.

Das Gemüse erkennt man am Setzling,
den Menschen von Kindheit an.

Das Herz eines zuverlässigen Menschen lernt man nur kennen, wenn man etwas von ihm verlangt.

Das Kamel sieht seinen eigenen Höcker nicht,
aber den seiner Brüder hat es immer vor Augen.

Freundschaft und Zwischenmenschliches

Das Leben an einem Ort
ist erst dann schön,
wenn die Menschen ein gutes Verhältnis
zueinander haben.
Konfuzius

Den Narren erkennst du an sechs
Zeichen:
Furcht ohne Grund, Rede ohne Nutzen,
Wechsel ohne Fortschritt,
Frage ohne Ziel,
Vertrauen zu Fremden und
Freundschaft mit seinem Feind.

Der eine erregt den Staub
und einem andern fliegt er ins Auge.

Der Fehler eines Augenblicks
bedeutet manchmal lebenslange Reue.

Der Frauen Geist und Treue sind gering;
trau sorglos nie auf solch ein flüchtig
Ding;
bau nicht auf sie, wenn schlecht sie im
Gemüte,
und sind sie gut, bau nicht auf ihre Güte.

Freundschaft und Zwischenmenschliches

Der Geist der Frauen ist von Quecksilber,
ihr Herz von Wachs.

Der höhere Mensch ist mehr verbittert,
wenn ihn die Menschen nicht beachten.

Der kürzeste Weg zwischen zwei Menschen ist ein Lächeln.

Der Menschen Naturen sind sich ähnlich;
es sind ihre Gewohnheiten,
die sie voneinander unterscheiden.

Der Sieger hat viele Freunde,
der Besiegte hat gute Freunde.

Der Zweig, der nachgibt, bricht nicht.

Die beste Zuflucht ist ein Freund,
mag er reich oder arm, traurig oder heiter,
mit oder ohne Fehler sein.

Freundschaft und Zwischenmenschliches

Die Güte des Goldes erprobt man im Feuer,
die des Menschen im Unglück.

Die Herzen sind so ungleich wie die Gesichter.

Freundschaft und Zwischenmenschliches

Die Menschen fangen erst mit Fehlern an, bevor sie sich bessern können.

Die Menschen stolpern nicht über Berge,
sondern über Maulwurfshügel.
Konfuzius

Diese Welt ist nur eine Brücke.
Gehe darüber, aber baue dein Haus nicht darauf.

Die Tiefe eines Menschen kann man wohl ermessen,
die Seele des Menschen aber ist ohne Grund.

Die untreue Frau hat Gewissensbisse,
die treue Frau ist von Reue gequält.

Die wahre Kunst der Voraussicht
liegt in der Wahl der Nachbarn,
nicht der Häuser.

Die Wut im Angesicht des Feindes
macht die Augen trübe.

Die zuverlässigsten Freunde
sind die Feinde deiner Feinde.

Eine Frau kann das Leben einer Gefangenen führen.
Eine Frau kann das Leben einer Prinzessin führen.
Oder sie kann ihr eigenes Leben führen.

Eine Freundschaft ist wie eine Tasse Tee.
Sie muss klar und durchscheinend sein
und man muss auf den Grund schauen können.

Eine hübsche Frau,
die in eine Familie kommt,
hat die hässlichen gegen sich.

Eine kleine Meinungsverschiedenheit
kann eine große Freundschaft nicht zerstören.

Ein guter Freund ist der beste Reichtum.

Ein Freund im selben Dorf
ist besser als sechzehn einflussreiche
Bekannte im Königspalast.

Freundschaft und Zwischenmenschliches

Ein Gesicht erkennt man im Licht,
einen Charakter auch im Dunklen.

Ein guter Mensch erringt einen Sieg
und belässt es dabei.
Er geht nicht zu Gewalttaten über.
Laotse

Ein guter Vogel wählt den Baum aus,
auf dem er rastet.

Ein Herz, an das man sich
vertrauensvoll wendet,
sollte nicht stumm bleiben.

Ein jeder kehre vor seiner eigenen Tür,
dann wird die ganze Straße sauber.

Ein kluger Feind ist mir lieber
als ein dummer Freund.

Ein langer Weg prüft ein Pferd
auf seine Stärke,
die Zeit einen Menschen auf seinen
Charakter.

Freundschaft und Zwischenmenschliches

Ein Pferd muss man
an den Wagen spannen,
damit man es kennen lernt.
Mit einem Menschen muss man
zusammenleben,
um zu wissen, wer er ist.

Ein vornehmer Mensch
tadelt sich selbst,
ein gewöhnlicher die anderen.
Konfuzius

Ein vortrefflicher Freund ist besser
als ein gestrenger Lehrer.

Erst Unterschiede machen die
Freundschaft wirklich reich.

Erst wenn man imstande ist,
sämtliche Vorurteile zu vergessen,
wird man Fortschritte auf dem rechten
Weg machen.

Es fällt schwer, einen Freund in
einem Jahr zu gewinnen; es ist leicht,
ihn in einer Stunde zu verlieren.

Freundschaft und Zwischenmenschliches

Es gibt drei Arten von Menschen,
mit denen es gut ist zu verkehren:
die innerlich Starken, die Aufrichtigen
und die, die viel gelernt haben.

Es gibt ein Wort,
das jedem als praktische
Lebensregel dienen könnte:
Gegenseitigkeit.
Konfuzius

Es gibt keine Feindschaft zwischen
Mann und Frau,
die die Nacht überstehen kann.

Es ist leichter,
gemeinsam in Notzeiten zu leben,
als bei gutem Leben zusammenzuhalten.

Es ist sicher leichter,
im Gebirge einen Tiger zu erlegen,
als in der Not einen hilfsbereiten Freund
zu finden.

Fluche einem Nachbarn
und du gräbst zwei Gräber.

Fordere viel von dir selbst
und erwarte wenig von anderen.
So bleibt dir mancher Ärger erspart.

Freundschaft und Zwischenmenschliches

Freunde sind wie Sterne in der Nacht;
auch wenn sie manchmal nicht zu sehen
sind, weißt du trotzdem,
dass sie da sind.

Freunde wollen Wein und Fleisch,
ein Ehegatte braucht Holz und Reis.

Ganz zufällig in einer Schachtel
einen handgeschriebenen Brief
von einem alten Freund zu finden:
Ist das vielleicht kein Glück?

Geh deinen eigenen Weg
und schlag nicht den Pfad des anderen
ein.

Geh eine Meile, um einen Kranken
zu besuchen,
zwei Meilen, um Frieden zu stiften,
und drei, um einen Freund zu suchen.

Geleite einen Freund
tausend Meilen weit,
einmal musst du Abschied nehmen.

Freundschaft und Zwischenmenschliches

Gemeinsamkeiten machen eine Beziehung angenehm, interessant wird sie jedoch erst durch die kleinen Verschiedenheiten.
Konfuzius

Gib nach, dann gewinnst du.
Neige dich, doch sei ehrlich.
Mach dich leer, so wirst du erfüllt.
Verbrauche alles und mache
Raum für Neues.
Laotse

Gute Freunde findet man nicht so am Wege.

Gut und Böse hängen von den Menschen ab,
nicht von den Tagen.

Hätten sie nicht gestritten,
wären sie nie Freunde geworden.

Hüte dich vor Menschen,
die sich beim Lachen
nicht den Bauch halten müssen.

Freundschaft und Zwischenmenschliches

Ihrer Natur nach sind die Menschen
einander sehr nahe,
Gewöhnung aber entfernt sie
voneinander.
Konfuzius

Im Augenblick des Zusammenkommens
beginnt die Trennung.

In der Ferne
einen alten Freund zu treffen,
ist wie labender Regen nach langer
Trockenheit.

Ist der Mensch allzu klug,
so bleibt er allein.

Jede Frau soll liebenswürdig sein –
und sonst nichts, dabei gehorsam,
reinen Herzens, feinfühlig und gelassen.
So ist es in Odnung.

Jeder kehre den Schnee vor seiner Tür
und kümmere sich nicht um das Eis,
das auf dem Dach des Nachbarn liegt.

Je mehr Bekannte man hat,
umso weniger kennt man die Leute.

Freundschaft und Zwischenmenschliches

Kämpfe mit denen, die kämpfen,
und lass die Friedlichen in Frieden!

Keine Straße ist lang
mit einem Freund an deiner Seite.

Laute Freunde sind oft leise Feinde.
Konfuzius

Lobst du dich selbst,
so bist du ein Dummkopf,
lobst du aber deine Frau,
so bist du ein solcher zum Quadrat.

Lockere Frauen muss man das ganze
Jahr im Auge behalten –
Diebe jede Nacht.

Mache Freundschaft
mit eines Menschen Güte,
nicht mit seinem Gut.

Mache deine Pläne mit Menschen,
die auf demselben Weg wandeln wie du.

Man kann das Gesicht eines Menschen
kennen, aber nicht sein Herz.

Man kann den Himmel berechnen
und die Erde ausmessen,
aber das Herz eines Menschen
kann man nicht bestimmen.

Man kann die Menschen entbehren,
aber es bedarf eines Freundes.

Freundschaft und Zwischenmenschliches

Männer fürchten, dass ihnen die Feder,
Frauen, dass ihnen die Moral entgleitet.

Menschen kennen nicht ihre Fehler,
Ochsen nicht ihre Stärke.

Mit Bekannten können wir ein Kaiserreich füllen,
aber wirklich gute Freunde können nur wenige sein.

Mit dem du dich tausend Mal geprügelt
und zehntausend Mal gestritten hast,
setze dich am letzten Tag des Jahres
einträchtig zum Essen nieder.

Nicht alle verheirateten Frauen sind Ehefrauen.

Nichts ist besser verkauft,
als was man einem echten Freunde,
der bedürftig ist, schenkt.

Nichts ist dir näher als du selbst;
doch wenn du dich selbst nicht kennst,
wie willst du dann andere kennen?

Niemand kann einem anderen die Tränen trocknen,
ohne sich selbst die Hände nass zu machen.

Nur nach dem Menschen
soll man fragen,
nicht nach seinem Rang.

Freundschaft und Zwischenmenschliches

Sag deinem Freund nicht,
was dein Feind nicht hören soll.

Sei nicht ganz Zucker,
oder die Welt wird dich verschlucken!
Sei nicht ganz Wermut,
oder sie wird dich ausspucken!

Selbst der bescheidenste Mensch
hält mehr von sich,
als sein bester Freund von ihm hält.

Selbst die besten Freunde sollten
durch eine hohe Mauer getrennt sein.

Selbst wenn der Weise sein Feind,
mach zu deinem Freund nie den
Dummen.

Setzt eure Zelte weit auseinander,
aber nähert eure Herzen.

Sieh nach dem Wetter,
wenn du hinausgehst;
sieh dir die Gesichter der Menschen an,
wenn du eintrittst.

Siehst du bei einem Menschen
einen kleinen Fehler,
so erinnere dich sogleich,
dass du deren noch viel mehr
und oft weit größere hast.

Freundschaft und Zwischenmenschliches

Sind zwei Menschen eines Sinnes,
vermag ihr Wille,
Metall durchzuschneiden.

Solange das Mädchen jung und schön,
will es sich nur einen jungen Burschen auserkoren,
ist beides aber verloren,
so nimmt es gerne auch einen alten Toren.

Sooft ein Mann sich auch verheiraten mag,
er heiratet stets ein Weib der gleichen Art.

Spanne den Bogen,
aber schieße den Pfeil nicht ab.
Es ist besser, die Leute zu erschrecken,
als sie zu treffen.

Freundschaft und Zwischenmenschliches

Stehe Schulter an Schulter mit jenen,
denen du gewachsen bist.

Suche die Schuld bei dir.
Wenn du keine Zweige und Blätter hast,
wirf nicht der Sonne Ungerechtigkeit vor.

Tadele nicht den Fluss,
wenn du ins Wasser fällst.

Tausend Männer können in Eintracht
zusammenleben;
zwei Frauen können es nicht, auch wenn
sie Schwestern wären.

Tue Gutes: Dein Nachbar erfährt es nie.
Tue Böses: Man weiß es auf hundert
Meilen.

Überlege einmal, bevor du gibst.
Überlege zweimal, bevor du nimmst,
und überlege tausendmal, bevor du
forderst.

Und tritt er dir auch achtzigmal
auf die Füße,
so lächle doch nicht darüber,
dass er lahm und blind ist.

Freundschaft und Zwischenmenschliches

Verbringe niemals die Zeit
mit jemandem,
der sie nicht mit dir verbringen will.

Vergiss Kränkungen –
aber vergiss Freundlichkeiten nie.

Verjage die Fliege von der Stirn
eines Freundes nicht mit dem Beil.

Vertrauen ist eine Oase im Herzen,
die von der Karawane des Denkens
nie erreicht wird.
Khalil Gibran

Wasser und Erde der Heimat
formen sich ihren Menschenschlag.

Wen der Himmel bestrafen will,
dem schickt er eine schöne Frau in den
Weg.

Wen der Himmel liebt,
dem schickt er einen Freund.

Wenn die richtige Stunde
gekommen ist,
trifft man einen guten Freund.
Wenn sie vorüber ist,
begegnet man einer schönen Frau.

Wenn die Weiber auch von Glas wären,
sie würden doch undurchsichtig sein.

Freundschaft und Zwischenmenschliches

Wenn drei Personen
eines Herzens sind,
so verwandelt sich selbst Lehm in Gold.

Wenn du einem nicht geben kannst,
worum er bittet, so höre ihn wenigstens
an, denn dies allein schon
tut seinem Herzen wohl.

Wenn du einen Freund hast,
geh ihn oft besuchen;
denn Dornen und Gestrüpp verwachsen
den Weg, der nicht begangen wird.

Wenn du selbst keine Haare
auf dem Kopf hast,
dann beschimpfe andere nicht als
Glatzkopf.

Wenn edle Menschen ihre Freundschaft
lösen,
entschlüpft kein böses Wort dem Mund.

Wenn es sich um Tod und Leben dreht,
zeigt sich, wie's um die Freundschaft
steht.

Wer an den vier Meeren Freunde hat,
glaubt, überall Orchideenduft zu riechen.

Werde nicht zornig!
Sonst könntest du an einem einzigen Tag
das Holz verbrennen, das du
in vielen sauren Wochen gesammelt hast.

Wer der Frau glaubt, betrügt sich,
wer ihr nicht glaubt, wird betrogen.

Wer die Menschen liebt,
hat immer eine große Familie.

Wer die Welt in Ordnung bringen will,
gehe zuerst dreimal durchs eigene Haus.

Wer Freunde hat, ist nicht verloren,
und des Unscheinbaren Macht bewegt die
Welt.

Wer Menschenkenntnis besitzt, ist gut;
wer Selbsterkenntnis besitzt, ist
erleuchtet.

Wer mich ins Gesicht beschimpft,
kann doch ein ehrbarer Mann und mein
Freund sein.

Wer mir schmeichelt, ist mein Freund;
wer mich tadelt, ist mein Lehrer.

Freundschaft und Zwischenmenschliches

Wer mit vierzig verhasst ist,
bleibt so bis an sein Lebensende.
Konfuzius

Wer seine Freunde zu viel tadelt,
wird sie wohl bald verlieren.
Konfuzius

Wer sich dauernd Mitmenschen
dienstbar macht,
wird selber dienstpflichtig.

Wer sich über das Wohlergehen
anderer freut,
der ist in Wahrheit ein edler Mensch.

Freundschaft und Zwischenmenschliches

Wer sittlichen Wert hat,
bleibt nicht allein;
er findet sicher Freunde.
Konfuzius

Wie rasch ist Abschied genommen,
wie lange dauert es bis zum Wiedersehen!

Wie viele brave Männer sind durch
Wein und Weib verdorben!

Wo zehn Frauen sich heute
niederlassen,
entsteht schon morgen ein
Gerichtsgebäude.

Zehn Jahre lang Gutes tun
ist nicht genug.
Einen Tag Böses tun ist zu viel.

Zeige den Menschen
ein heiteres Gesicht,
denn sie müssen es ansehen.

Tugend, Güte und Freundlichkeit

Alles verstehen heißt alles verzeihen.
Buddha

Besser ist es, in der Nähe Gutes zu tun, als in der Ferne Räucherwerk zu verbrennen.

Böse Menschen hinterlassen ihren Stempel, wohin sie auch gehen.

Das Wort „Verzeihung“
ist die beste Münze im Haus.

Das Leben meistert man entweder lächelnd oder überhaupt nicht.

Das Tor der Barmherzigkeit
ist schwer zu öffnen
und schwer zu schließen.

Tugend, Güte und Freundlichkeit

Deinen Mitmenschen
darfst du vieles verzeihen,
dir selber aber nichts.
Konfuzius

Den edlen Menschen kränkt sein
Unvermögen;
ihn kränkt nicht, dass man ihn nicht
anerkennt.
Konfuzius

Der edle Mensch hilft seinen
Mitmenschen,
das Gute in ihnen zur Reife zu bringen,
nicht aber das Schlechte.
Der niedrig Gesinnte tut das Gegenteil.
Konfuzius

Der Edle kommt mit allen in seiner
Umgebung gut aus, der gemeine Mensch
neigt dagegen zu Kumpanei und
Vetternwirtschaft.
Konfuzius

Der Mensch lebt durch Geradheit.
Ohne sie lebt er von glücklichen Zufällen
und vom Ausweichen.
Konfuzius

Der Mensch setzt Ruhm an wie das
Schwein Fett.

Tugend, Güte und Freundlichkeit

Der scharfsinnige Mensch
ist immer tätig,
der gütige in sich ruhend,
der scharfsinnige hat viele Freuden,
der gütige ein langes Leben.
Konfuzius

Der Stammbaum eines edlen Menschen
ist stets das, was er erreicht hat im Leben.

Der sittliche Mensch liebt seine Seele,
der gewöhnliche sein Eigentum.
Konfuzius

Der Trieb zum Guten ist dem Menschen
eingepflanzt von Natur
wie dem Wasser der Trieb,
bergab zu fließen.

Der Zorn ist immer schädlicher
als die Beleidigung, die ihn hervorrief.

Die ehrenwerten Spießbürger sind
gerade die Verderber der Moral.
Konfuzius

Die Güte des Menschen wiegt schwerer
als ein Gesetz des Königs.

Die Herkunft eines Menschen
hat nicht viel zu sagen.
Die Verständigen erwägen alle ihre
Angelegenheiten in ihrem Herzen,
aber sie reden nicht viel!

Die Herzen sind so ungleich
wie die Gesichter.

Die Tugend bleibt nicht einsam;
sie findet Nachbarschaft gewiss.
Konfuzius

Die Welt ist ein Meer und unser Herz ist
das Ufer.

Tugend, Güte und Freundlichkeit

Echten sittlichen Wert verstehen nur wenige Menschen zu würdigen.
Konfuzius

Ein schlechter Mensch
ist nicht immer an seinen Sitten
zu erkennen.

Erkennen ist eine große Leistung des Geistes.
Anerkennen eine solche des Herzens.

Ein Mädchen, das vor zu vielen Dingen errötet, hat deren zu viele kennen gelernt.

Es gibt keine guten und bösen Menschen,
sondern nur Weise und Toren.
Buddha

Es gibt Menschen, die Fische fangen, und solche, die nur das Wasser trüben.

Tugend, Güte und Freundlichkeit

Es gibt zwei Arten guter Menschen:
Die Toten und die Ungeborenen.

Fehler sind immer zu verzeihen,
wenn man den Mut hat, diese auch
zuzugeben.

Fest entschlossen,
schlicht und wortkarg –
so kommt man nah der wahren
Menschlichkeit.
Konfuzius

Findest du einen Mann von Wert,
so trachte, ihm gleich zu werden.
Findest du einen Mann von Unwert,
dann sieh in dich hinein und prüfe dich
selbst.
Konfuzius

Fühlst du dich von jemandem beleidigt,
so stellst du dich geistig unter ihn.

Gehe mit den Menschen
wie mit Holz um;
um eines wurmstichigen Stückchens
würdest du nie den ganzen Stamm
wegwerfen.

Tugend, Güte und Freundlichkeit

Gib dem Hungernden von deinem Reis
und dem Leidenden von deinem Herzen.

Güte, die auf Gegenwert rechnet,
ist nicht Güte.

Güte in den Worten erzeugt Vertrauen,
Güte im Denken erzeugt Tiefe,
Güte beim Verschenken erzeugt Liebe.
Laotse

Güte siegt über Ungüte,
wie Wasser über Feuer siegt.
Mong Dsi

Güte steht über dem Gesetz.

Gütige Worte gehen den Menschen
nicht so tief zu Herzen wie ein gütiger
Ton.
Mong Dsi

Höflichkeit ist eine Münze,
die nur den bereichert, der sie ausgibt.

Man kann ein lächelndes Antlitz nicht
schlagen.

Nicht, dass man dich nicht kennt,
sei deine Sorge,
sorge dafür, dass du des Kennens wert
bist.
Konfuzius

Nur Menschen,
die die Härte des Lebens erfahren,
lernen sich beugen, ohne ihren Stolz zu
verlieren.

Ohne Herz sieht man
und erkennt doch nichts,
hört man und versteht doch nichts,
isst man und schmeckt doch nichts.

Tugend, Güte und Freundlichkeit

Sei gütig und du siehst ein,
dass dein Urteil über andere
allzu hart war.

Talente ohne Tugend
und Sklaven ohne Herren:
Sie können sich nicht benehmen
und sind zu allem fähig.

Über eine Entfernung
von tausend Meilen
wirkt nur noch Menschlichkeit,
nicht aber Macht.

Vergiss Kränkungen,
aber nie Freundlichkeiten.
Konfuzius

Tugend, Güte und Freundlichkeit

Vermöchten wir alle nur für
einen einzigen Tag höflich zu sein:
Die Feindschaft unter den Menschen
würde sich in Liebe wandeln.

Verzicht auf Eigennutz
bringt Himmel und Erde über dich!

Vier Dinge dürfen uns nicht blenden:
Die Vertraulichkeit des Fürsten,
die Schmeichelei der Damen,
das Lächeln des Feindes
und die Wärme des Winters;
denn sie sind von kurzer Dauer.
Konfuzius

Wen der Himmel bewahren will,
den erfüllt er mit Güte.
Laotse

Wenn Güte als gut gelten will,
wird sie zu Ungutem.
So nah sind Sein und Nichtsein.
Laotse

Wenn ich einen grünen Zweig
im Herzen trage,
wird sich ein Singvogel darauf
niederlassen.

Tugend, Güte und Freundlichkeit

Wenn Licht in der Seele ist,
ist Schönheit im Menschen.
Wenn Schönheit im Menschen ist,
ist Harmonie im Haus.
Wenn Harmonie im Haus ist,
ist Ordnung in der Nation.
Wenn Ordnung in der Nation ist,
ist Frieden in der Welt.
Laotse

Wer anderer Not löst, ist der Erlöste.
Laotse

Wer eines Andern Leben rettet,
fügt seinem eigenen zehn Jahre hinzu.

Wer lächelt, statt zu toben,
ist immer der Stärkere.

Wer nach allen Seiten lächelt,
bekommt nur Falten ins Gesicht.

Wer selber scheinen will,
wird nicht erleuchtet.
Laotse

Wer tugendhaft lebt, wird geehrt,
aber er wird nicht beneidet.

Tugend, Güte und Freundlichkeit

Wer verzichtet, gewinnt.
Laotse

Wollt ihr wissen, ob ein Land wohl regiert und gut gesittet sei, so hört seine Musik.
Konfuzius

Zeigt mir einen Mann der Gewalttat, mit dem es ein gutes Ende genommen hat, und ich will ihn zu meinem Lehrer machen.
Laotse

Zu sehen, wie jemand eine gute Tat tut, heißt, alle seine Fehler vergessen.

Partnerschaft, Liebe und Glück

Das Fließen des Wassers
und die Wege der Liebe
haben sich seit Göttergedenken
nicht geändert.

Das Glück kommt nicht in Paaren,
das Unglück nie allein.

Das Glück kommt zu denen, die lachen.

Das Glück tritt gern in ein Haus,
in dem gute Laune herrscht.

Das Herz gleicht einem Pferd
auf freier Bahn:
Es stürmt leicht davon und hält nur
schwer wieder an.

Das Lächeln, das du aussendest,
kehrt immer zu dir zurück

Das Unglück ist es,
worauf das Glück beruht.
Das Glück ist es, was das Unglück birgt.
Wer kennt das Ende?

Am Abend schimpf nicht
mit deiner Frau,
sonst musst du alleine schlafen.

Am Tag ist die Eule blind,
bei Nacht die Krähe.
Wen aber die Liebe blendet,
der ist blind bei Tag und Nacht.

Auch wenn man seine Frau nicht liebte,
glaubt man bei der Scheidung,
ein kleines Vermögen verbrannt zu haben.

Begrenzt ist das Leben,
doch unerschöpflich die Liebe.
Ihara Saikaku

Partnerschaft, Liebe und Glück

Das Unglück der Menschen ist,
dass sie es lieben, sich zum
Schulmeister anderer zu machen.
Meng Dse

Das Weib verbirgt seine Liebe
vierzig Jahre, aber Hass und Widerwillen
verbirgt es nicht einen Tag.

Dem Dümmsten ist das Glück am
meisten hold.

Den Acker und die Frau gib an niemand
weiter.

Der Geist, der allen Dingen
Leben verleiht, ist die Liebe.
Tschu-Li

Der Mensch bringt sein Haar
täglich in Ordnung –
warum nicht auch sein Herz?

Der Mensch ist dort zuhause,
wo sein Herz ist,
nicht dort, wo sein Körper ist.
Mahatma Gandhi

Der Mensch kann nicht tausend Tage
ununterbrochen gute Zeiten haben,
so wie die Blume nicht hundert
Tage blühen kann.

Der niedrige Mensch
begibt sich in Gefahr
und hofft auf die Wendung des Glücks.
Konfuzius

Partnerschaft, Liebe und Glück

Der schlechten Welt Adieu sagen
und im Paradies auf einer Lotosblüte
beisammensitzen, so träumt, wer liebt.

Der schreitet rasch vorwärts,
dem es leicht ist um das Herz.

Der Weg ist so reich an Gefahr,
doch Liebe hat siegende Waffen.

Des Mädchens Glück ist Ruhe und
Gelassenheit;
Des Jünglings Glück – Bewegung und
Verwegenheit.

Der Frauen Appetit ist doppelt so groß
wie der des Mannes,
ihre Intelligenz viermal und ihre Begierde
achtmal so groß.

Die Ehe ist nicht heißer Reis,
den man ausspucken kann,
wenn man sich den Mund verbrennt.

Die Güte zu lieben, ist nicht genug,
man muss sie auch mit Begeisterung
praktizieren.

Die Heirat in China ist,
als ob man einen Kessel
mit kaltem Wasser auf das Feuer stellt.
Es kommt sehr bald ins Kochen und
bleibt dann lange heiß.
Die Heirat im Westen jedoch ist,
als setze man auf einen kalten Ofen einen
Kessel mit siedendem Wasser,
das sich allmählich abkühlt.
Li Hung-Chang

Die Herzen, die sich am schnellsten
geben,
nehmen sich am schnellsten zurück.

Partnerschaft, Liebe und Glück

Diejenigen aber, welche zum Glück der
Erkenntnis gelangen,
über die Gegensätze erhaben
und frei von Selbstsucht sind,
diese erschüttert weder Glück noch
Unglück irgendwann.
Laotse

Die Lebensspanne ist dieselbe,
ob man sie lachend oder weinend
verbringt.

Die Kraft zu lieben ist Gottes größtes
Geschenk an den Menschen,
denn niemals wird es dem Gesegneten,
der liebt, genommen werden.
Khalil Gibran

Die Liebe ist ein scheuer Vogel,
der den Schlüssel deines Gefängnisses
um seinen Hals trägt.

Partnerschaft, Liebe und Glück

Die Liebe ist das Gewürz des Lebens,
sie kann es versüßen, sie kann es aber
auch versalzen.
Konfuzius

Die Liebe ist so stark wie ein Zauber.

Die Liebe weist dem Menschen
seines Lebens Ziel.
Die Vernunft gibt ihm die Mittel
an die Hand,
dieses Ziel zu erreichen.

Die Schönheit ist die Blüte des Glücks.

Die Seligkeit eines Augenblicks
verlängert das Leben um tausend Jahre.

Die wahre Liebe sucht nicht
das eigene Glück.
Selbstvergessen will sie auf alles
verzichten
und dadurch findet sie ihr Glück und wird
unermesslich reich.

Die Welt ist voll von kleinen Freuden,
die Kunst besteht nur darin, sie zu sehen!
Li Tai-Po

Du bist nicht auf der Erde,
um unglücklich zu werden.
Doch Glück ist allein der innere Friede.
Lerne ihn finden. Du kannst es.
Überwinde dich selbst und du wirst
die Welt überwinden.
Buddha

Partnerschaft, Liebe und Glück

Du bist so lange ein Niemand,
bis dich jemand zu lieben beginnt.

Durch einen glücklichen Zufall
kann ein Mann die Welt eine Zeit lang,
aber dank der Liebe kann er sie
für immer beherrschen.
Laotse

Durch Macht kann ein Mensch
imponieren,
aber wertvoll wird er erst
durch die Liebe.

Ein dummes Weib bringt den ganzen
Haushalt durcheinander.

Eine dumme Frau kann dir mehr
schaden als dein klügster Feind.

Eine Frau, die nicht eifersüchtig wird,
ist wie ein Ball, der nicht springt.

Eine Freude vertreibt hundert Sorgen.

Eine verheiratete Frau darf nicht
den Reis von zwei Männern essen.

Ein Herz ohne Liebe
ist wie ein Garten ohne Blumen.

Partnerschaft, Liebe und Glück

Ein Mädchen gehorcht dem Vater,
eine Ehefrau ihrem Gatten.

Ein Mensch von Sanftmut
und gutem Charakter
schafft sich selbst sein Glück.

Ein Tor zum Glück oder Unglück
gibt es nicht;
beide kommen, wenn du sie einlädst.

Ein Verliebter betrachtet eine Blume
mit anderen Augen als ein Kamel.

Ein verlottertes Feld stürzt dich
zeitweilig in Not,
eine falsche Ehefrau ruiniert dich fürs
Leben.

Eheleute, die sich lieben,
sagen sich tausend Dinge,
ohne zu sprechen.

Eheleute sind spät geborene Zwillinge.

Eine große Freude kann das ganze
Leben wieder hell waschen.

Eine schlechte Ehefrau ist sechzig Jahre
Missernte.

Erfolg ist, zu erreichen, was man sich
wünscht;
Glück ist, sich zu wünschen, was man
erreicht!

Partnerschaft, Liebe und Glück

Es gibt dreierlei Arten von Unglück:
In der Jugend den Vater zu verlieren,
im mittleren Alter die Frau zu verlieren,
im Alter ohne Sohn sein.

Es gibt drei Schlüssel
zum Herzen der Menschen:
Liebe, Güte, Geduld.

Frauen können die Not,
nicht aber den Wohlstand teilen.

Freude gibt es überall –
in der grünen Grasdecke der Erde,
in der blauen Heiterkeit des Himmels,
in der strengen Enthaltsamkeit
des grauen Winters.
Rabindranâth Tagore

Partnerschaft, Liebe und Glück

Freunde sind doch immer zwei,
Mann und Frau sind eins.

Für eine Frau ist es besser,
den Mann zu heiraten,
von dem sie geliebt wird,
als den Mann, den sie liebt.

Für Glück und Unglück
im Schicksal des Menschen
gibt es keine Hintertüren;
sie kommen, wie die
Menschen selbst sie rufen.
Auf Gut und Böse
folgt deren Vergeltung,
wie der Schatten
dem Körper folgt.
T'ai-Shang

Geliebt sein heißt,
gefangen sein.

Glück – das ist in beiden Händen
Blumen halten.

Glück entsteht oft aus kleinen Dingen.
Unglück oft durch Vernachlässigung
kleiner Dinge.

Glück ist ein Buckel, der schwer zu
tragen hat.

Glück ist so federleicht,
nie wird's gefangen.
Unglück so erdenschwer,
nie wird's umgangen.
Konfuzius

Partnerschaft, Liebe und Glück

Glück ist, wenn deine Gedanken,
deine Worte und dein Tun
im Einklang sind.
Mahatma Gandhi

Glück und Unglück sind
wie ein zusammengedrehtes Seil.

Gold- und Silberschulden lassen sich
abtragen im Leben,
Liebesschulden nimmt man mit ins Grab.

In den Augen eines Verliebten
sind selbst Pockennarben Grübchen.

In einer friedlichen Familie
kommt das Glück von selber.

Ist das Herz in Ruhe, so ist es selbst
in einer Schilfhütte gemütlich.

Partnerschaft, Liebe und Glück

Ist der Mann untreu, so ist es,
als spuckte er vom Haus auf die Straße;
ist die Frau untreu, ist es,
als spuckte man von der Straße ins Haus.

Ist die Nacht auch noch so schwarz
und schwer:
Die Liebe erleuchtet selbst
das finsterste Dunkel.

Jammere nicht über ein Unglück,
das noch gar nicht eingetroffen ist.

Partnerschaft, Liebe und Glück

Wer einen Tag glücklich sein will,
der trinke!
Wer eine Woche glücklich sein will,
schlachte ein Schwein!
Wer ein Jahr glücklich sein will, heirate!
Wer immer glücklich sein will,
werde Gärtner!

Jedes Mal, wenn dich Unglück trifft,
pflanze einen Baum;
der Schatten eines Wäldchens wird dich
bald erfreuen.

Je größer die Liebe,
desto größer das Leid.

Keinem nutzt ein Glück, das zu
so später Abendstunde kommt,
dass man es im Finstern gar
nicht mehr sehen kann.

Kommt das Glück,
wer kommt da nicht mit?
Kommt das Glück nicht,
wer kommt dann?

Lerne loszulassen, das ist der
Schlüssel zum Glück.
Buddha

Liebe ist wie der Mond:
Wenn sie nicht zunimmt, nimmt sie ab.

Liebe ist der höchste göttliche Adel
und der Menschen friedliches Heim.
Mong Dsi

Partnerschaft, Liebe und Glück

Macht können wir durch Wissen erlangen,
aber zur Vollendung gelangen wir nur durch die Liebe.

Liebe und Freundlichkeit
sind die besten Gewürze zu allen Speisen.

Man kann zu seinem Glück durchaus selbst die Wege ebnen.

Liebe und Hass sind die Hörner am selben Stier.

Mit Waschen und Einreiben
erlangt man keine Schönheit,
mit Festhalten und Anbinden
erwirbt man keine Liebe.

Liebe und Überlegung sind
zwei ganz verschiedene Dinge.

Partnerschaft, Liebe und Glück

Mit Zorn und Hass
reißt man alles nieder,
mit Geduld und Liebe baut man aus
nichts einen Tempel.

Nicht zu verachten ist das Leben,
findest du einen Menschen in der Welt,
der dich versteht.

Neun Frauen von zehn sind eifersüchtig.

Nur dein liebendes Weib weiß,
ob dir kalt oder warm ist.

Nur der Dumme
sucht das Glück in der Ferne.
Der Kluge lässt es unter seinen Füßen
sprießen.

Nur wer wahre Menschlichkeit besitzt,
vermag zu Recht zu lieben und zu hassen.
Konfuzius

Obschon die Liebe in der Einzahl ist,
so wohnt sie dennoch in zwei Herzen.

Obwohl es regnet, werde ich nicht nass:
Deine schützende Liebe ist mein Schirm.

Ohne Frauen würde es weder Tag noch
Nacht.

Partnerschaft, Liebe und Glück

Schafft ab die Güte,
verwerft die Rechtschaffenheit –
die Menschen werden wieder einander lieben.
Laotse

Tausend Kerzen kann man am Licht
einer Kerze anzünden,
ohne dass ihr Licht schwächer wird.
Freude nimmt nicht ab, wenn sie geteilt wird.
Buddha

Selbst verschuldetem Unglück entrinnt man nicht.

Partnerschaft, Liebe und Glück

Vergangene Liebe ist bloße Erinnerung.
Künftige Liebe ist ein Hirngespinst.
Nur im Hier und Jetzt können wir
wirklich lieben.
Buddha

Vermöchten wir alle nur
für einen einzigen Tag höflich zu sein:
Die Feindschaft unter den Menschen
würde sich in Liebe wandeln.

Was du liebst, lass frei.
Kommt es zurück,
gehört es dir – für immer.
Konfuzius

Was im Ton übereinstimmt,
das schwingt miteinander.
Was wahlverwandt ist im innersten
Wesen, das sucht einander.
I Ging

Was ist Glück?
Glück ist, wenn du morgens
aufstehst und dir tut nichts weh.

Was ist Liebe?
Eine Hütte mit keinem Palast
tauschen wollen,
Untugend und Fehler lächelnd übersehen,
Hingabe ohne geringstes Zögern.

Wenn das Glück
nicht im Herzen wohnt,
so hat es keine Dauer.
Mo Ti

Wenn du Unglück leidest,
klage nicht den Himmel an,
sondern beuge dein Haupt
und setze dich mit deiner Seele
auseinander.

Wenn ein Mann eine Frau
über alles begehrt,
warte, nur sie kann ihn kurieren.

Wenn Raum im Herzen ist,
ist auch Raum im Hause.

Wenn über das Grundsätzliche
keine Einigkeit besteht,
ist es sinnlos, miteinander Pläne zu
schmieden.
Konfuzius

Wer auf das Glück
ein Leben lang wartet,
der wartet oft vergebens.

Partnerschaft, Liebe und Glück

Wer Diebe fasst,
soll auch die Beute fassen.
Wer Ehebrecher fasst,
soll immer beide fassen.

Wer die Gelegenheit im Vorübergehen
ergreift,
braucht keine glücklichen Träume.

Partnerschaft, Liebe und Glück

Wer ist blind?
Der eine andere Welt nicht sehen kann.
Wer ist stumm?
Der zur rechten Zeit nichts Liebes sagen kann.

Wer auf Liebespfaden wandelt,
für den sind zwei Meilen nicht länger als eine.

Wer Böses liebt,
winkt dem Unglück,
es ist wie das Echo,
das der Stimme antwortet.

Wer das Feld seines Glückes verbreitern will,
muss den Grund seines Herzens gleichmäßig machen.

Wer liebt, zweifelt an nichts –
oder an allem.

Wer nie jagte und nie liebte,
nie den Duft der Blumen suchte
und nie beim Klang der Musik erbebte,
ist kein Mensch, sondern ein Esel.

Partnerschaft, Liebe und Glück

Wer ständig glücklich sein möchte,
muss sich oft verändern.
Konfuzius

Wer wirklich gütig ist,
kann nie unglücklich sein;
wer wirklich weise ist,
kann nie verwirrt werden;
wer wirklich tapfer ist, fürchtet sich nie.
Konfuzius

Wenn das Herz standhaft ist,
kann eine Maus einen Elefanten heben.

Wirf einen vom Glück begünstigten
Mann ins Meer
und er wird mit einem Fisch im Mund
wieder herauskommen.

Familie, Jugend und Alter

Am Abend des Lebens
lieben wir nur noch die Stille.

Am Ende war das Leben weniger
als der Blick auf das weiße Fohlen,
das hinter der Zaunlücke vorbeitrabte.

Am meisten wird ein kleines Kind
geliebt, bis es heranwächst,
ein krankes Kind, bis es gesund ist,
und ein abwesendes Kind, bis es
heimkommt.

Auf der Fahrt ins Jenseits befiehlt kein
König.

Bäume sind für den Schatten da,
Kinder fürs Alter.

Befürchte nicht, dass du dereinst
wirst schwach und alt, befürchte
vielmehr, dass noch lebend dir
das Herz wird kalt.

Besser die Eltern beneiden ihre Kinder
als umgekehrt.

Bist du alt, so gehorche deinen Kindern!

Das Alter der Eltern soll man stets
im Gedächtnis haben;
denn es kann Anlass
zur Freude wie auch zur Sorge sein.
Konfuzius

Das Alter ist das Abendrot des
Himmels.

Das Alter ist der Schnee der Erde.
Khalil Gibran

Das Alter ist die beste Medizin
für alle Krankheiten.

Das fremde Korn
und die eigenen Kinder
scheinen immer besser.

Das Herz des Vaters schlägt höher
als der höchste aller Berge,
das der Mutter gründet tiefer
als das tiefste aller Meere.

Familie, Jugend und Alter

Das Herz eines kleinen Kindes
ist wie das Herz Gottes.

Das Leben des Menschen ist
wie eine Kerze im Wind.

Das Leben gleicht dem Feuer:
Es beginnt mit Rauch und endigt mit
Asche.

Das Leben gleicht einem Blitz.
Wie bald sind beide dahin.

Das Leben gleicht einer Stunde;
vertraue daher nie auf die Länge deiner
Jahre und denke daran:
Nach dem Tode zählen
nur die Taten eines Menschen,
nicht mehr sein Gold.

Dem Alter mangelt es an Herzenswärme
wie der Trockenheit am Tau.

Dem kein Licht im Auge brennt,
der kein Kind sein eigen nennt.

Der Erwachsene achtet auf Taten,
das Kind auf Liebe.

Der Himmel ist zu den Füßen der
Mutter.

Familie, Jugend und Alter

Der junge Mensch rechnet auf die Hilfe seines Vaters,
der alte auf die seiner Kinder.

Der Mensch wird schwerlich hundert Jahre alt,
doch seine Tränen könnten die Lebenszeit von tausend füllen.

Der Trunk, dessen man nie müde wird, ist Wasser;
die Frucht, deren man nie müde wird, ist ein Kind.

Des Menschen Leben ist so vergänglich wie des Morgens Tau.

Die Arbeit läuft dir nicht davon,
wenn du deinem Kind den Regenbogen zeigst.
Aber der Regenbogen wartet nicht,
bis du mit der Arbeit fertig bist.

Die böse Tochter mag die Mutter schweigen heißen.
Den zornigen Sohn bringt sie nicht zum Verstummen.

Die eine Generation baut die Straße,
auf der die nächste fährt.

Die Eltern ertrinken in der Liebe zu ihren Kindern.

Die Eltern wollen nie der Kinder Fehler erkennen.
Konfuzius

Die Familie, in der das Alter vertreten ist, hat ein Juwel.

Die größte Kulturleistung eines Volkes sind die zufriedenen Alten.

Die Jahre drehen sich wie ein Rad –
der Frühling bleibt nur eine kurze Weile.

Die Jugend besitzt Flügel,
deren Federn die Poesie
und deren Nerven die Fantasie sind.
Khalil Gibran

Die Jugend ist mit Achtung zu betrachten;
denn wie kann man wissen,
ob die Künftigen nicht besser
als die Heutigen sein werden?
Konfuzius

Familie, Jugend und Alter

Die Mutter bringt die Kinder zur Welt,
diese unterrichtet sie an ihrer Statt.

Die Tränen der Jugend
sind wie Tautropfen
auf den Blütenblättern der Rose,
während die Tränen
auf einem Greisengesicht
gelben Herbstblättern gleichen,
die der Wind verstreut und davonträgt,
wenn der Winter des Lebens naht.
Khalil Gibran

Die wildeste Tigerin ist die beste
Mutter.

Familie, Jugend und Alter

Die Zweige geben Kunde von der Wurzel.

Drei Jahre nicht vom Weg des Vaters weichen,
wahrlich Kindesgehorsam heiß ich das.
Konfuzius

Du kannst deinen Kindern deine Liebe geben, nicht aber deine Gedanken.
Sie haben ihre eigenen.

Ein großer Mensch ist der,
der sein Kinderherz nicht verloren hat.

Ein guter Vater verbirgt seine Krallen.

Ein dummer Mann prahlt mit seiner Frau,
ein kluger mit seinen Kindern.

Ein großer Mensch ist einer,
der sein Kinderherz bewahrt.
Mong Dsi

Ein Reich ist leichter zu regieren als eine Familie.

Ein Wind ist für jeden Segler des Lebens unberechenbar:
der des Todes.

Elternliebe übertrifft Kindesliebe um das Hundertfache.

Erst am Ende unseres Weges stehen die Antworten.
Laotse

Es gibt drei Fälle gröblicher Missachtung der Kinder
ihren Eltern gegenüber,
die schlimmste davon ist, ohne eigene Nachkommen zu bleiben.

Es ist besser, zwei Jahre zu früh
als ein Jahr zu spät zu sterben.

Es ist leicht zu sterben, aber schwer zu leben.

Familie, Jugend und Alter

Es ist zwecklos, den Eltern nach ihrem Tode zu opfern, wenn man sie zu Lebzeiten nicht unterstützt.

Es zählt nicht, wie alt du bist, sondern wie du alt bist.

Flüsse und Berge altern nicht.

Familie, Jugend und Alter

Fürchte nicht, dass der Körper,
sondern nur, dass die Seele altert.

Für einen schlechten Sohn
ist die Mutter verantwortlich,
für einen schlechten Enkel
die Großmutter.

Gestern, Heute, Morgen –
das sind die drei Tage des Menschen.

Hoffe nicht auf Zukünftiges,
denke über Vergangenes nach.
Tseng-Kuang

In Armut soll man umso fester,
im Alter umso willensstärker sein.
Ban gu

Jedes Tierchen, selbst das kleinste,
hängt an seinem bisschen Leben.

Familie, Jugend und Alter

Keiner kennt die Länge
seiner Lebenszeit,
die für ihn aufgeschrieben ist,
weder der Fromme noch der Gottlose.

Kinder zu finden ist möglich,
Eltern zu finden vergeblich.

Kommt einmal der Bote des Todes
zu dir, um dich zu holen,
dann bleibt keine Zeit
zum Unterhandeln.

Lieber adoptiere einen Sohn,
als dass die Familie stirbt.

Man braucht gar nicht erst alt zu
werden, um alt zu sein;
dies kann man schon in einem einzigen
Jahr.

Man muss sich einen Stecken in der
Jugend schneiden,
damit man im Alter daran gehen kann.

Man soll Eltern außer durch
Erkrankung
keinen Kummer machen.

Mit dem Augenblick des vollen
Erblühens setzt der Verfall ein.

Familie, Jugend und Alter

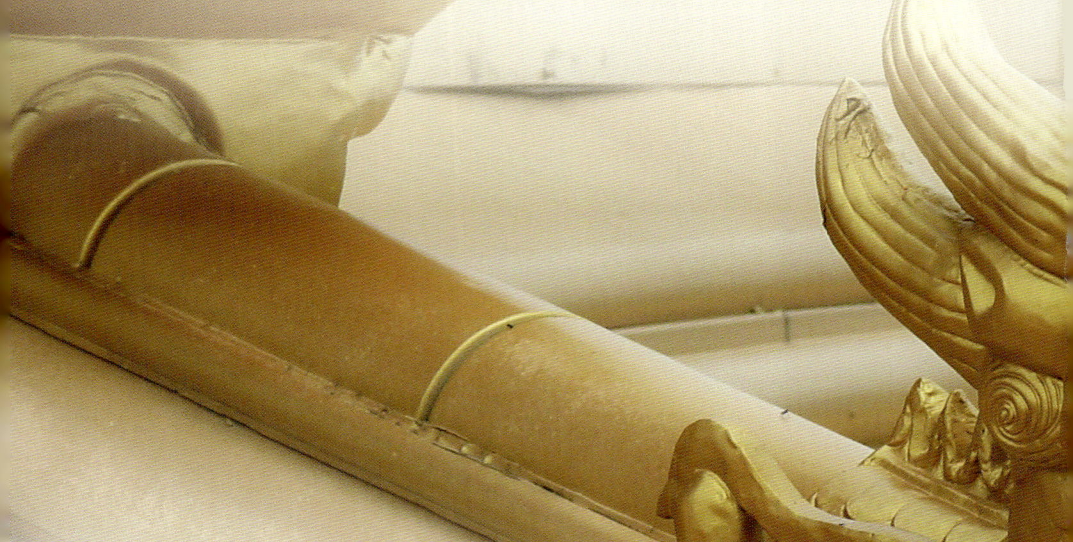

Mit 50 Jahren nimmt die Kraft
unwiderrruflich ab von Jahr zu Jahr;
mit 60 – von Monat zu Monat;
mit 70 – von Woche zu Woche;
mit 80 – von Tag zu Tag;
mit 90 – von Stunde zu Stunde.

Mit zehn Jahren ein Wunderkind,
mit zwanzig ein Genie,
nach dreißig –
ein ebenso gewöhnlicher Mensch
wie jeder andere auch.

Nackt, nass und hungrig werden wir geboren.
Danach wird es nur noch schlimmer.

Nur durch die Kinder vergessen wir Erwachsenen nicht, wie das Lachen geht.

Obwohl sie nicht hundert Jahre alt werden,
bereiten sich die Menschen Sorgen für tausend Jahre.

Schicke deinen Sohn, den du am liebsten hast, auf Reisen.

Schlechte Söhne gibt es noch und noch,
schlechte Mütter aber nur ganz selten.

Familie, Jugend und Alter

Solange die Eltern leben,
soll man nicht in die Ferne ziehen.
Doch wenn man es tut, so soll man sie
den Ort wissen lassen,
an den man sich begibt.
Konfuzius

So nah sich Brüder sind,
Besitz und Vorteil halten sie auseinander.

So wie der Jangtsekiang niemals
rückwärts fließt,
so auch der Mensch kann nie und nimmer
zu seiner Jugendzeit zurück.

Selbst der ehrlichste Richter vermag
in Familienangelegenheiten kein Urteil
zu fällen.

Sind die Alten nicht aufrichtig,
so lehren sie die Jungen, Schurken zu
werden.

Familie, Jugend und Alter

Sprichst du zu Müttern,
so reden sie alsbald von ihren Kindern.

Süß ist der Honig, aber noch süßer
ist ein kleines Kind.

Tu einem Kind Ehre an
und es wird auch dir Ehre antun.

Um die Liebe der Eltern zu verstehen,
muss man selber Kinder aufziehen.

Unter den Menschen
sind die alten die besten,
unter den Kleidern die neuen.

Versorge und trage deine Mutter
in ihrem Alter,
wie sie dich versorgt und getragen hat
als kleines Kind.

Verwöhne ein Kind und du wirst seiner
Mutter Kummer bereiten.

Viele Kinder sind das Leid der Mutter.

Familie, Jugend und Alter

Vor der Jugend muss man Ehrfurcht haben;
wer weiß, was die Zukuft aus ihr machen wird.

Was du deinen Eltern schuldig bist,
weißt du erst, wenn du selbst ein Kind hast.

Wenn dein Sohn groß ist,
mache einen Bruder daraus.

Wenn die Kinder aus dem Haus gehen,
nehmen sie einen Abdruck der Hand
ihrer Mutter mit sich.

Wenn du das Leben liebst,
dann gibt es keine Zeit zu verschwenden,
denn aus Zeit besteht das Leben.

Wem es bestimmt war,
geboren zu werden,
dem ist es auch bestimmt, zu sterben.

Wenn das Leben vollendet ist,
gehen wir mit leeren Händen.

Wenn du ein Kind hast,
dann wird auch aus dir
wieder eins werden.

Wer kein Kind hat,
hat kein Licht in den Augen.

Familie, Jugend und Alter

Wer von seinem Vater
einen Hügel geerbt hat,
sollte ihn erklimmen.

Willst du das Rechte tun,
so frage drei Greise.

Zu Hause hängst du von deinen Eltern,
in der Fremde von deinem Herrn ab.